U0554670

Roland Barthes

罗兰·巴尔特文集

Roland Barthes par Roland Barthes

罗兰·巴尔特自述

[法]罗兰·巴尔特（Roland Barthes）／著

怀 宇／译

中国人民大学出版社
·北京·

总　序

　　罗兰·巴尔特（1915—1980）是已故法兰西学院讲座教授，法国当代著名文学思想家和理论家，结构主义运动主要代表者之一，并被学界公认为法国文学符号学和法国新批评的创始人。其一生经历可大致划分为三个阶段：媒体文化评论期（1947—1962）、高等研究院教学期（1962—1976）以及法兰西学院讲座教授期（1976—1980）。作者故世后留下了5卷本全集约6 000页和3卷本讲演录近千页。这7 000页的文稿，表现出了作者在文学、文化研究和人文科学诸领域内的卓越艺术品鉴力和理论想象力，因此可当之无愧为当代西方影响最大的文学思想家之一。时至今日，在西方人文学内最称活跃的文学理论及批评领域，巴尔特的学术影响力仍然是其他文学批评家和理论家难以企及的。

1980年春，当代法国两位文学理论大师罗兰·巴尔特和保罗·萨特于三周之内相继谢世，标志了第二次世界大战后法国乃至西方两大文学思潮——结构主义和存在主义的终结。4月中旬萨特出殡时，数万人随棺送行，场面壮观；而3月下旬巴尔特在居住地Urt小墓园下葬时，仅有百十位朋友学生送别（包括格雷马斯和福科）。两人都是福楼拜的热爱者和研究者，而彼此的文学实践方式非常不同，最后是萨特得以安息在巴黎著名的Montparnasse墓地内福楼拜墓穴附近。萨特是雅俗共赏的社会名流，巴尔特则仅能享誉学界。

1976年，巴尔特以其欠缺研究生资历的背景（据说20世纪50年代末列维-斯特劳斯还曾否定过巴尔特参加研究生论文计划的资格），在福科推荐下，得以破格进入最高学府法兰西学院。1977年1月，挽臂随其步入就职讲演大厅的是他的母亲。8个月后，与其厮守一生的母亲故世，巴尔特顿失精神依持。在一次伤不致死的车祸后，1980年，时当盛年的巴尔特，竟"自愿"随母而去，留下了有关其死前真实心迹和其未了（小说）写作遗愿之谜。去世前两个月，他刚完成其最后一部讲演稿文本《小说的准备》，这也是他交付法兰西学院及留给世人的最后一部作品。而他的第一本书《写作的零度》，则是他结束 6 年疗养院读书生活后，对饱受第二次世界大战屈辱的法国文坛所做的第一次"个人文学立场宣言"。这份文学宣言书是直接针对他所景仰的萨特同时期发表的另一份文学宣言书《什么是文学?》的。结果，30 年间，没有进入过作为法国智慧资历象征的"高等师范学院"的巴尔特，却逐渐在文学学术思想界取代了萨特的影响力，后者不仅曾为"高师"哲学系高材生，并且日后成为法国第二次世界大战后首屈一指的哲学家。如今，萨特的社会知名度仍然远远大于巴尔特，而后者的学术思想遗产的理论价值则明显超过了前者。不过应当说，两人各为 20 世纪文学思想留下了一份巨大的精神遗产。

如果说列夫·托尔斯泰是 19 世纪"文学思想"的一面镜子，我们不妨说罗兰·巴尔特是 20 世纪"文学思想"的一面镜子（请参阅附论《罗兰·巴尔特：当代西方文学思想的一面镜子》）。欧洲两个世纪以来的社会文化内容和形成条件变迁甚巨，"文学思想"的意涵也各有不同。文学之"思想"不再专指作品的内容（其价值和意义须参照时代文化和社会整体的演变来确定），而需特别指"文学性话语"之"构成机制"（形式结构）。对于 20 世纪特别是战后的环境而言，"文学实践"的重心或主体已大幅度地转移到批评和理论方面，"文学思想"从而进一步相关于文学实践和文学思想的环境、条件和目的等方面。后者遂与文学的"形式"（能指）研究靠近，而与作为文学实践"材料"（素材）的内容（"所指"）研究疏远。而在当代西方一切文学批评和文学理论领域，处于文学科学派和文学哲学派中间，并处于理论探索和作品分析中间的罗兰·巴尔特文学符号学，遂具有最能代表当代"文学思想"的资格。巴尔特的文学结构主义的影响和意义，也就因此既不限于战后的法国，也不限于文学理论界，而可扩展至以广义"文学"为标志的一般西方思想界了。

中国人民大学出版社编选的这套"罗兰·巴尔特文集"，目前包括 10 卷 12 部作品，它们在一定程度上反映了罗兰·巴尔特文学思想的基本面貌。由于版权问题，出版社目前尚不能将他的其他一些重要作品一一收入。① 关心巴尔特文学思想和理论的读者，当然可以参照国内其他巴尔特译著，以扩大对作者思想学术的更全面了解。此外，文集还精选了菲利普·罗歇（Philippe Roger）的著名巴尔特评传：《罗兰·巴尔特传》（1985），作为本文集的附卷。

现将文集目前所收卷目及中译者列示于下：

---

① 在"10 卷 12 部作品"之后，已经获得版权的巴尔特作品有：《萨德·傅立叶·罗犹拉》（1971）、《明室》（1979）、《中国行日记》（1974）、《哀悼日记》（1977—1979）、《偶遇琐记·作家索莱尔斯》、《恋人絮语》（1974—1976），并有附卷《罗兰·巴尔特最后的日子》（Hervé Algalarrondo 著）。——编者注

1. 写作的零度（1953）·新文学批评论文集（1972）·法兰西学院就职讲演（1977）：李幼蒸

2. 米什莱（1954）：张祖建

3. 文艺批评文集（1964）：张智庭（怀宇）

4. 埃菲尔铁塔（1964）：李幼蒸

5. 符号学原理（1964）：李幼蒸

6. 符号学历险（1985）：李幼蒸

7. 罗兰·巴尔特自述（1976）：张智庭

8. 如何共同生活（讲演集1）（2002）：张智庭

9. 中性（讲演集2）（2002）：张祖建

10. 小说的准备（讲演集3）：李幼蒸

附卷：罗兰·巴尔特传：张祖建

讲演集是在法国巴尔特专家埃里克·马蒂（Eric Marty）主持下根据作者的手写稿和录音带，费时多年编辑而成的。这三部由讲演稿编成的著作与已经出版的5卷本全集中的内容和形式都有所不同，翻译的难度也相对大一些。由于法文符号学和文学批评用语抽象，不易安排法中术语的准确对译，各位译者的理解和处理也就不尽相同，所以这部文集的术语并不强求全部统一，生僻语词则附以原文和适当说明。本文集大致涉及罗兰·巴尔特著作内容中以下五个主要方面：文本理论、符号学理论、作品批评、文化批评、讲演集。关于各卷内容概要和背景介绍，请参见各卷译者序或译后记。

　　在组织翻译这套文集时，出版社和译者曾多方设法邀约适当人选共同参与译事，但最后能够投入文集翻译工作的目前仅为我们三人。张智庭先生（笔名怀宇）和张祖建先生都是法语专家。张智庭先生为国内最早从事巴尔特研究和翻译的学者之一，且已有不少相关译作出版。早在1988年初的"京津地区符号学座谈会"上，张智庭先生对法国符号学的独到见解即已引起我的注意，其后他陆续出版了不少巴尔特译著。张祖建先生毕业于北京大学法语文学系，后在美国获语言学博士学位，长期在法国和美国任教至今，并有多种理论性译著出版。我本人在法语修养上本来是最无资格处理文学性较强的翻译工作的，最后决定勉为其难，也有主客观两方面原因。一方面，我固然希望有机会将自己的几篇巴尔特旧译纳入文集，但更为主要的动力则源自我本人多年来对作者理论和思想方式的偏爱。大约30年前，当我从一本包含20篇结构主义文章的选集中挑选了巴尔特的《历史的话语》这一篇译出以来，他的思想即成为我研究结构主义和符号学的主要"引线"之一。在比较熟悉哲学性理论话语之后，1977年下半年，我发现了将具体性和抽象性有机结合在一起的结构主义思维方式。而结构主义之中，又以巴尔特的文学符号学最具有普遍的启示性意义。这种认知当然也与我那时开始研习电影符号学的经验有

关。我大约是于 20 世纪 70 年代末同时将巴尔特的
文学符号学和克里斯丁·麦茨、艾柯等人的电影符
号学纳入我的研究视野的。1984 年回国后，在进行
预定的哲学本业著译计划的同时，我竟在学术出版
极其困难的条件下，迫不及待地自行编选翻译了那
本国内（包括港、澳、台）最早出版的巴尔特文学
理论文集，虽然我明知他的思想方式不仅不易为当
时长期与世界思想脱节的国内文学理论界主流所了
解，也并不易为海外主要熟悉英美文学批评的中国
学人所了解。结果两年来在多家出版社连续碰壁，
拖延再三之后，才于 1988 年由三联书店出版（这
要感谢当时刚设立的"世界与中国"丛书计划，该
丛书还把我当时无法在电影界出版的一部电影符号
学译文集收入）。这次在将几篇旧译纳入本文集时，
也趁便对原先比较粗糙的译文进行了改进和订正。
我之所以决定承担巴尔特最后之作《小说的准备》
的译事工作，一方面是"从感情上"了结我和作者
的一段（一相情愿的）"文字缘"，即有意承担下来
他的第一部和最后一部书的译事，另一方面也想
"参与体验"一段作者在母亲去世后心情极度灰暗
的最后日子里所完成的最后一次"美学历程"。我
自己虽然是"不可救药的"理性主义者，但文学趣
味始终是兼及现实主义和唯美主义这两个方向的。

中国人民大学出版社在"列维-斯特劳斯文
集"之后决定出版另一位法国结构主义思想家的

文集，周蔚华总编、徐莉副总编、人文分社司马兰社长，表现了对新型人文理论的积极关注态度，令人欣慰。本文集策划编辑李颜女士在选题和编辑方面发挥了重要的判断和组织作用。责任编辑姜颖眹女士、瞿江虹女士、李学伟先生等在审校稿件方面尽心负责，对于译文差误亦多所更正。对于出版社同仁这种热心支持学术出版的敬业精神，我和其他两位译者均表感佩。

最后，我在此对中国人民大学出版社再次约请我担任一部结构主义文集总序的撰写人一事表示谢意。这不仅是对我的学术工作的信任，也为我提供了再一次深入研习罗兰·巴尔特思想和理论的机会。巴尔特文学思想与我们的文学经验之间存在着多层次的距离。为了向读者多提供一些背景参考，我特撰写了"附论"一文载于书后，聊备有兴趣的读者参阅。评论不妥之处，尚期不吝教正。

李幼蒸（国际符号学学会副会长）

2007 年 3 月于美国旧金山湾区

　　《罗兰·巴尔特自述》是作者罗兰·巴尔特
(Roland Barthes，1915—1980) 写作和学术生涯第
四阶段的代表作之一。

　　关于这本书的成因，巴尔特在接受采访时说，
那是在色伊 (Seuil) 出版社组织的一次工作午餐会
上，大家提议今后让作家们自己写书来评判自己的
著述，并随后将其放进"永恒的作家" (Ecrivains
de toujours) 丛书之中。巴尔特本着这种精神，曾
经想把书"写成插科打诨性的东西，写成某种我自
己的仿制品"。但是，真正进入写作之后，"一切都
变了，一些书写的理论和实践问题显现出来，使得
最初的简单想法变得极为滑稽可笑"（《全集》第三
卷，315 页）。于是，他认为应该利用提供给他的这

次机会，来阐述他与自己的形象，也就是与他的"想象物"之间的关系。而且，作者认为，这种自己写自己的做法正是"镜像阶段"中的主体与其自我的想象物即镜中形象的关系（见《退步》一节）。在译者看来，全书就是作者与其自我想象物之间的一种对话。全书经过了一年零 27 天的写作，于 1974 年 9 月 3 日脱稿，这样，巴尔特就成了这套丛书 100 多位作家中唯一在活着时就"永恒的作家"。

全书采用了片断的书写形式。按照作者的说法，一方面，他一直喜欢采用片断的书写方式，而对于长长的文章越来越无法忍受。另一方面，他必须采用一种形式来化解几乎要形成的"意义"。他认为，不应该由他来提供意义，"意义总是属于别人即读者"。于是，他决定使这本书成为以"分散的整体"出现的书，就像他所喜爱的具有"散落"叶片的棕榈树那样。显然，这两方面代表了巴尔特关于写作的主张。首先，综观巴尔特的全部著述，他除了专题著述（《论拉辛》、《服饰系统》、《S/Z》）之外，其余的书都是文章的汇编，而且即便是那几本专题著述，其内部结构也是零散的，有的甚至也是片断式的。巴尔特说过："对于片断的喜爱由来已久，而这，在《罗兰·巴尔特自述》中得到了重新利用。在我写作专著和文章的时候（这一点我以前不曾发现），我注意到，我总是按照一种短的写作方式来写——在我生命中的一个阶段，我甚至只写短文，而没有写成本的书。这种对短的形式的喜爱，现在正在系统化。"(《全集》第三卷，318页)其实，他的第一篇文章(1942)就是以片断的形式写成的，"当时，这种选择被认定是纪德式的方式，'因为更喜欢结构松散，而不喜欢走样的秩序'。从此，他实际上没有停止从事短篇的写作"(见本书《片断的圈子》一节)。其次，巴尔特坚持反对"多格扎"(doxa)，即形成稳定意义的"日常舆论"，这也使他无法写作长篇大论。他说："一种多格扎(一般的舆论)出现了，但是无法忍受；为了摆脱它，我假设一种悖论；随后，这种悖论开始得以确立，它自己也变成了新的成形之物、新的多格扎，而我又需要走向一种新的悖论"(见本书《多格扎与反多格扎》一节)，"悖论是一种最强烈的令人着迷的东西"(见本书《作为享乐的悖论》一节)。他之所以这样做，而且不得不这样做，是因为"价值的波动"引起的："一方面，价值在控制、在决定……另一方面，任何对立关系都是可疑的，意义在疲劳……价值(意义便与价值在一起)就这样波动，没有休止。"(见本书《价值的波动》一节)为了做到这样，片断写作"可以打碎我定名的成形观念、论述和话语，因为这些东西都是人们按照对所说的内容要给予最终意义的想法来建构的——这正是以往世纪中整个修辞学的规则。与所建话语的成形状态相比，片断是一种可喜的打乱，即一种断续，它确立句子、形象和思想的一种粉化状态，在这种状态下，它们最终都不能得以'完整确立'"（《全集》第三卷，318页）。

此外，作者在书中主要采用了第三人称的写法，有意拉开"叙述者"与"作者"本人的距离，这在自传体中也是少有的。把片断写作与第三人称的叙述方式相结合，也有利于避免读者对作者产生"成形的"看法，即他一再反对的"多格扎"，足见作者为此是煞费了苦心。但是，"由于我过去的著述是一位随笔作家的著述，所以，我的想象物就是某种一时观念的想象物。总之，是某种智力的小说"（《全集》第三卷，335页）。这似乎告诉我们，虽然巴尔特在本书的开头就提醒人们："这一切，均应被看成出自一位小说人物之口"，但由于他承认其"小说"是其"某种一时观念的想象物"，所以，它可以成为我们对巴尔特的思想进行某种推测和研究的依据。

那么，片断式写作会产生什么样的审美效果呢？对此，巴尔特早已形成了自己的审美观。他在《文本的快乐》一书中做过完整的总结："阅读的快乐显然源自断裂……文化及其破坏都不具色情特点；是它们之间的断层变成了色情的"，"快乐所需要的，是一种出现损失的场所，是断层，是中断，是风蚀"，"人体最具色情意味之处，难道不就是衣饰微开的地方吗？……间断具有色情意味：在两种

物件（裤子与毛衣）之间、在两个边缘（半开的衬
衣、手套和袖子）之间闪耀的皮肤的间断具有色情
意味。正是闪耀本身在诱惑，或进一步说，是一种
显现—消失的表现状态在诱惑"（《文本的快乐》，
15、19 页）。这不正是片断写作可以带来的效果吗？
至于片断写作在本书中的情况，还有一个特点，那
就是片断的排列。巴尔特没有按照自己的生活年代
或者写作阶段的顺序来排列相关片断，而是大体上
按片断名称的第一个字母进行了排列，有时甚至还
故意打乱这种排列。他自己这样说："他大体上想
得起他写作这些片断的顺序；但是，这种顺序出自
何处呢？它依据何种分类、何种连接方式呢？这些
他就想不起来了。"（见本书《我想不起顺序来了》
一节）这样做的结果，使得翻译成汉字之后的排列
更是杂乱无章，阅读起来使人大有时间错位、事件
凌乱、没有贯穿的内在逻辑关系的感觉。但是，巴
尔特却认为"杂乱无章，也是一种享乐空间"。色
伊出版社 1975 年在出版本书时，封面上采用了巴
尔特用彩色蜡笔绘制的在我们看来是"杂乱无章"
的画《对于茹安-雷-潘镇的记忆》，也是很有寓意
的。我们不妨说，巴尔特在片断写作方面的审美追
求是系统化的。

　　巴尔特承认其"道德观"这一写作阶段是受了
尼采的影响。用他自己的话来说，就是"我曾经满
脑子装满了尼采，因为我在此前刚刚读过他的著

作"（见本书《何谓影响?》一节），"他在为'道德观'（moralité）寻找定义。他把这个词与道德规范（morale）对了起来"（见本书《朋友们》一节）。但作者并没有告诉我们他到底接受了尼采思想的哪些方面。译者认为，我们似乎可以从他对尼采的总体了解来推断一下这种影响。尼采的哲学思想主要表现为通过对价值判断的解释来反对传统的价值，并主张人不是"完全实现的整体"，人具有总是更新的创造力，总是向着"他者"逃逸。而尼采对哲学进行解释的方式则是通过箴言和诗。所谓箴言即格言性的写作物，即片断。似乎可以说，尼采的哲学思想坚定了巴尔特不固守"多格扎"的主张，而其箴言式的解释方式无疑也是对"片断写作"的提前肯定。

我在我国驻法国大使馆工作期间，曾于1995年3月26日那天（巴尔特逝世15周年纪念日）在巴约纳市参加了由当地市政府举办的"纪念巴尔特国际研讨会"。我之所以被邀，是因为此前我翻译的《罗兰·巴特随笔选》刚刚在国内出版，是法国色伊出版社向会议主办单位推荐的。我是头一天下午赶到巴约纳市的，在旅馆稍作安顿之后，便出门随便走走，我特别想领略一下巴尔特在书中描写过的巴约纳市。巴约纳市西临大海，一条入海的河流穿城而过，城市不大，但建筑古老，颇有历史。我在距旅馆不远的一个海边广场上停了下来，

环视着四周的楼房、桥梁和海面，街道的入口处差
不多都横挂着"与罗兰·巴尔特会晤"的法文条
幅，显然，人们都以巴约纳市这个地方出了巴尔特
而自豪。不论是海面上还是街道中，人们都忙碌
着。我想起巴尔特在自述中一幅照片下面写的字：
"巴约纳市，巴约纳市，完美的城市……四周充满
响亮的生活气息……童年时的主要想象物：外省就
是场景，故事就是气味，资产阶级就是话题。"会
议是 26 日上午在市图书馆的报告厅举行的。说是
国际会议，其实来参加的，包括我在内，也只有 5
个人：除了我之外，一位是西班牙人，一位是葡萄
牙人（葡萄牙前教育部长，已定居巴黎），一位是
意大利人，还有一位是省会波城（Pau）大学的讲
师。大学讲师是会议主持人，与会者大都谈的是在
各自国家里翻译和介绍巴尔特著述的情况，听众都
是当地的社会上层人士，其中有几位老年人还说当
年曾与巴尔特认识。会上，我成了被提问最多的报
告人，人们对于巴尔特的著述能翻译成汉语和被中
国读者所阅读特别感到惊奇，有的甚至说，连他们
都读不懂巴尔特，大有为自己未能深入研究家乡名
人而感到愧疚之意。我向巴约纳市图书馆赠送了两
册《罗兰·巴特随笔选》，受到了大家的热烈欢迎。
那天下午，在我的请求下，主办单位安排了一位熟
悉巴尔特家乡的工作人员陪同我去了巴尔特在 20
世纪 60 年代以后常去居住的于尔特村（Urt），在

那栋据说已经不再属于巴尔特家族的略显破旧的二层小楼门前留了影。我看到了他描写过的屋后的阿杜尔河（Adour），并沿着他可能走过的公路驱车走了一段。巴斯克地区的风景是很美的，重峦叠嶂，郁郁葱葱，令人心悦，令人遐想。无怪乎它从很早就培育了巴尔特丰富的想象力，这种想象力构成了他后来的超凡的创造力。陪同的人看到我如此痴情于巴尔特生活过的地方，便问我愿意不愿意去看一看巴尔特的坟墓。我自然愿意。我们在公墓外停车，缓步而静穆地走进公墓，就在不远处的公墓的南端，我们找到了他的墓。在陪同人告诉我"我们到了"时，我简直惊呆了：那里没有大理石的墓体、墓碑，而只有茅草围绕中的一块白色水泥盖板。盖板上刻有两部分文字，上面是"Henriette Barthes, Née Binger, 1893—1977"（昂利耶特·巴尔特，乳姓：班热，1893—1977），下面是"Roland Barthes, 1915—1980"（罗兰·巴尔特，1915—1980）。这是他与母亲合用的墓穴。墓前甚至没有花盆。与四周相比，这个墓近乎于平地，近乎于泥土。我半晌没有说话，陪同的人可能已经看出了我的内心活动，马上解释，说巴尔特在弥留之际，不让亲友为他修建永久式坟墓，而希望与母亲合用墓穴，上面有块水泥盖板就可以了，以便于以后较快地归化于自然。我拿出了照相机，让镜头为我留下这处今后也会令我久久不能平静的珍奇景

物。我只有感慨，无尽的感慨。在随后返回巴黎的
高速列车上，我将自己前后的感悟挣了挣，记在了
本子上，不想，竟挣出了一首小诗：

> 不是墓
> 分明是与路同样的路
> 一样的沙石板块
> 一样的茅草拥簇
> 斜阳中，鲜亮而明突

> 不是墓
> 分明是奇特的书
> 一生笔耕不辍
> 安息处也是打开的一篇珍贵的笔录
> 冥世间仍在追求"零度"

　　后来，每当我翻阅巴约纳之行拍摄的照片时，
我都会回想起于尔特之行的一些细节，回想起面对
巴尔特坟墓时的无限感慨。

　　这本书最初翻译于 2001 年，并与《作家索莱
尔斯》和《偶遇琐事》两稿一起由百花文艺出版社
以《罗兰·巴特自述》为总书名于 2002 年出版，
但遗憾的是，原书中所附大量照片和插图的版权问
题当时不好解决，出书时未能收录。感谢中国人民
大学出版社此次将译文列入"罗兰·巴尔特文集"

中出版，并收录了原著中的所有照片和插图，这对于作为译者的我来说，当然是欣喜万分。这些照片和插图对于丰富本书的内容和增加读者的阅读兴趣，无疑会大有帮助，而且其资料价值是非常之大的。

借此次出版之机，我对旧译做了修订。除了必要的文字润色、注释补充和根据我后来翻译的《符号学词典》一书对个别概念的名称做了改动之外，还更正了几处当时处理疏忽和理解有误的地方（在此，我向读过旧译的读者表示歉意）。此外，罗兰·巴特的译名也根据《法语姓名译名手册》的规范译法和文集的要求改为罗兰·巴尔特。我虽然接触巴尔特的著述比较早，但缺乏系统而认真的研究。我相信，此次修改之后，也还会有理解不当的地方，希望专家和读者不吝予以指正，我在此提前致谢（zhzhttj@tom.com）。

由于无法写得更为深入一些，此译者序主要内容基本上沿用了此前出版的《罗兰·巴特自述》一书"导读"中的部分相关文字，特此说明。

怀宇
于南开大学
2009 年 12 月

目　录

照片

　　我感谢在这本书的写作中心甘情愿帮助过我的朋友们：

　　在文字方面：让-路易·布特（Jean-Louis Bouttes）、罗兰·阿瓦斯（Roland Havas）、弗朗索瓦·瓦勒（François Wahl）；

　　在照片和图片方面：雅克·阿臧扎（Jacques Azanza）、尤塞夫·巴库什（Youssef Baccouche）、伊莎贝尔·巴尔代（Isabelle Bardet）、阿兰·邦沙亚（Alain Benchaya）、米里亚姆·德·拉维尼昂（Myriam de Ravignan）、德尼·罗什（Denis Roche）。

Tout ceci doit être considéré
comme dit par un personnage
de roman.

作为开始，这里有几幅照片：它们是作者在结束这本书的时候快乐地为自己安排的。这种快乐是诱人的（而且在此是相当自私的）。我只保留了那些使我感到惊愕的照片，可我却不知道其原因何在（这种无知是诱惑的属性，并且，我对每一幅照片所说的内容，将永远都只是想象出来的）。

然而，应该承认，只有我青少年时期的照片才吸引我。由于周围充满着爱，我的青少年时期并不是不幸的；可是，由于孤独和物质上的拮据，我的这个时期也并不让人喜欢。因此，面对这些照片，使我高兴的，并不是对一个快乐时期的怀恋，而是某种更为模糊的东西。

当沉思（惊愕）把照片视为分离的存在物，当这种沉思使照片成为一种直接的享乐对象的时候，它就不再与关于照片上是谁的思考有什么关系了，尽管这种思考是令人魂牵梦萦的；这种思考忍受着一种幻象的折磨，同时也靠幻象来自娱，这种幻象根本不是形态性的（我从来不像我自己），而更可以说是有机性的。这组照片在包容了父母方面全部关系的同时，俨然有一种通灵物质在起作用，并使我与我躯体的"本我"①建立起关系。这组照片在我身上激起某种晦涩的梦幻，其组成单位就是牙齿、头发、鼻子、瘦身材、穿着长筒袜的大腿，它们不属于我，然而除我之外又

---

① "本我"（ça）：从德语"Es"（中性代词"它"）翻译而来，指的是弗洛伊德有关精神机制的第二理论的三项内容之一。"本我"构成了人格的冲动极，它的精神内容与表达便是潜意识，它一方面是遗传下来的，另一方面是被压抑而形成的，即后天获得的。在弗洛伊德看来，"本我"是精神能量的储库。从精神动力学观点来看，它进入与"自我"和"超我"的冲突之中。本书中多处出现这一概念。——译者注

不属于别人——从此，我便处于令人不安的亲近状态：我竟然看见了主体的裂隙（他甚至对此无话可说）。由此可见，年轻时的照片既不是非常分离的（是我的下部躯体在供人阅读），同时又是非常分离的（照片上谈论的不是"自我"）。

因此，我们在这里将只会看到，与家庭的故事掺合在一起的躯体的一段史前状况的各种外在形象表现情况，而这个躯体此时正步向写作的工作和写作的乐趣。因为，这便是这种限制的理论意义：表明（这组照片）的叙事时间与主体的青少年时代一起结束，没有生平经历可言，而只有非生产性生活。而当我开始生产，即当我开始写作的时候，文本自身就剥夺了我的叙述时间（这太幸运了）。文本不能叙述任何东西；它把我的躯体带向他处，远离我的想象的个人，带向某种无记忆的语言，这种语言已经是人民的语言、非主观的（或是被取消了个性的主体的）大众的语言，即便我的写作方式依然把我与这种语言分离。

因此，照片所引起的想象，一进入生产性生活（在我看来，这种生活即意味着走出疗养院）便被停止。于是，另一种想象物开始了，那就是写作的想象物。为了使这种想象物可以展开（因为这便是本书的意图），而不再被一位普通的个人的出现所阻碍、所保证和所验证，也为了使这种想象物可以自由地安排其从来不是形象性的符号，这个文本将在无照片伴随的情况下只跟随着笔走龙蛇的手影前进。

　　巴约纳市，巴约纳市，完美的城市：依河傍水，四周充满响亮的生活气息［姆斯罗尔镇（Mouserolles）、马拉克镇（Marrac）、拉什帕耶镇（Lachepaillet）、贝里斯镇（Beyris）］。然而，它却是一个封闭的城市、富有传奇故事的城市：普鲁斯特、巴尔扎克、普拉桑（Plassans）。童年时的主要想象物：外省就是场景，故事就是气味，资产阶级就是话题。

　　通过一条相似的小路，经常下到波泰尔纳河
（Poterne）（气味）和城市中心。常常在此遇到属于巴约纳市
资产阶级社会的一位贵夫人，她由此去她在阿莱纳（Arènes）
的别墅，手里拿着一包从"好味道"（"Bon Goût"）商场买
来的食品。

三个花园

"这栋房子当时是一处真正的生态奇观：它不大，坐落在一处比较宽大的花园的旁边，就好像是一个木质的模型玩具（它的百叶窗经水蚀而呈淡灰色，看上去叫人感到温馨）。它的木屋不大，然而却到处是门、低矮的窗户、侧立的楼梯，就像是小说中的城堡。不过，花园的三个象征性地有别的空间还是连在一起的（跨越每一个空间的界限，都是一种需要注意的行为）。走近房子，要穿过第一个花园；那是一处属于上层人的花园，沿着这个花园走路的时候，需要慢步长歇地陪伴着巴约纳的贵夫人们。第二个花园就在房子跟前，是由两块同样大小的草坪和周围的环形小路组成的；花园里长着玫瑰花、绣球花（西南地区不讨人喜欢的花）、路易斯安娜花（louisiane）、大黄、种在旧箱子里的家养花卉、高大的木兰花——其白色的花就开在了二楼的房间之外；夏天的时候，巴约纳的贵夫人们不怕蚊叮虫咬，就坐在花园里低矮的椅子上，做着复杂的毛线活。最里面，是第三个花园，除了一个小小的种着桃树和覆盆子的果园外，无确定内容，有的地方是荒地，有的地方种着一般的蔬菜；人们很少去那里，只是中间的小路还有人走。"

上流社会的人，深居简出的人，野蛮之人：这难道不正是社会欲望的三等分吗？从巴约纳市的这处花园开始，我毫不惊奇地进入了儒尔·凡尔纳和傅立叶的富于传奇和空想的空间。

（这栋房子今天已经不在了，它被巴约纳市的房地产开发商卷走了。）

　　大花园构成了一处相当异样的地方。就好像它主要是为了掩埋每一次生下的多余的小猫似的。在深处，有一条绿荫遮掩的小路和两个由黄杨树围成的中空圆球。小时候玩的几次两性交欢的游戏就发生在那里边。

远处的女佣在吸引我。

外祖父与祖父。

　　在年迈的时候，他郁郁寡欢。总是不到吃饭的时候就坐在饭桌前（尽管吃饭的时间不断地提前）。他由于太郁闷了，因此越来越提前生活。他少言寡语。

　　他喜欢工整地书写听音乐的计划，或是做些听颂经时用的斜面小桌子，还做些箱子、木质小玩意儿。他也少言寡语。

祖母与外祖母。

　　一位长得漂亮，是巴黎人。另一位长得慈祥，是外省人：满脑子资产阶级意识——无贵族姿态却是贵族出身——她很是注重社会叙事，她使用的法语都是修道院的不乏虚拟式未完成过去时的非常讲究的法语；上流社会的喧闹像热恋的激情那样使她冲动；欲望的主要对象是某位勒博夫（Leboeuf）夫人，那是一位药剂师（曾因发明一种煤焦油而大发横财）的遗孀。那位药剂师上身满是黑毛，他带着戒指，蓄着小胡子。只需每月约他喝一次茶即可（剩下的内容，在普鲁斯特的作品中均有描述）。

　　（在祖父与外祖父这两个家庭里，女人说话管用。是母系社会？在中国，很早以前，整个家族是围绕着祖母而葬的。）

父亲的姐姐：她终身一个人生活。

父亲，很早就死了
（死于战争），他从不在回
忆或祭祀的话语中被家人
提及。由于依靠母亲长大，
他的记忆从来都不受什么
压制，他只以一种几乎是
默不做声的满足感来一掠
而过地提及童年。

我童年时代的有轨电车的白色车头。

　　经常在晚上，回家的时候，向沿着阿杜尔河
(Adour) 的海员小道绕一绕：那里，有许多大树、许
多被遗弃的木船，盲目的散步者郁闷地闲逛。他在那
里不怀好意地产生过在公园里与异性交欢的念头。

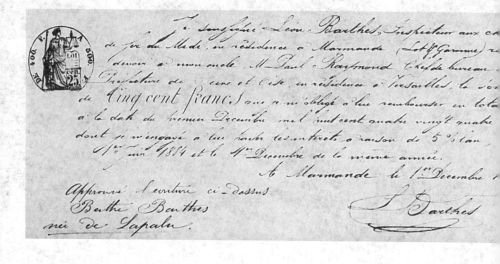

　　在几个世纪里，写字难道不曾经是对于一种债务的承认、对于一种交换的保证、对于一种代理活动的签名吗？但是今天，写字在慢慢地趋向放弃资产阶级的债务，趋向意义的错乱、极端，趋向文本……

家庭小说。

他们都是从哪里来的呢？他们来自于上–加龙地区（Haute-Garonne）的一个公证人家庭。于是，我有了家世，我有了社会等级。警察局的档案照片证实了这一点。那个蓝眼睛、托着下巴若有所思的年轻人，后来是我父亲的父亲。从我祖父向下续的最后一支，是我的躯体。这一谱系最终以出现了一个废物蛋而终结。

　　一代又一代，
总是喝茶：是资产
阶级的标志，也具
有某种魅力。

镜像阶段："你就是这个东西。"

　　对于过去，只有童年对我最有诱惑力；看着这张
照片，只有童年不使我对逝去的时间感到惋惜。因为，
我在童年时期发现的，不是不可逆转的，而是不可减
缩的：一切都还在我身上发作性地留存着；童年时，我
光着身子观察我自己黑乎乎的背后，我观察烦恼、观察
脆弱、观察对于失望的适应性（幸运的是，失望是多
方面的），体验内心的情绪——不幸的是，这种情绪与
任何言语表达脱节。

同代人？
　　我开始走路，当时普鲁斯特还活着，而且正在完成
《追忆逝水年华》。

　　作为一个孩子，我经常而且严重地感到烦恼。很明显，这种情况开始得很早，并且断断续续地持续了我的一生（说真的，多亏了工作和朋友，这种情况变得越来越少了），这种烦恼总是可以看得出来。那是一种带有恐慌的烦恼，直至发展成忧郁：就像我在研讨会、报告会、外请的晚会、集体娱乐会上感受到的烦恼那样：烦恼到处可见。那么，烦恼就会是我的歇斯底里吗？

报告会上的忧郁。

研讨会上的烦恼。

"在U感受到的早晨的快乐：阳光、房屋、玫瑰花、寂静、音乐、咖啡、工作、无性欲要求的平静、无侵害……"

无完整家庭气氛的家庭。

"我们，总是我们……"

……在好朋友们中间。

　　躯体的突然变化（从结核病疗养院出来后）：他从瘦弱转向了（他认为是转向了）丰腴。从那时起，他就持续地与他的躯体进行着斗争，为的是恢复其基本的清瘦（知识分子的想象物：保持清瘦是想变得聪慧的天真行为）。

在那个年代，高中生已经是小绅士了。

任何压制话语的法则，都是站不住脚的。

9 Sujet fort bien compris, traité avec goût, personnalité, et de
façon très intéressante; — dans un style un peu gauche par endroits, mais
Barthes toujours savoureux. — La "Difficulté" Samedi 13 Mai 1933.
1 A 1 imaginée par vous est assez curieuse; très peu profonde. Croyez-
vous qu'on doive attendre une révolution sociale pour que la supériorité
de la tête bien faite sur la tête bien pleine apparaisse ?
Baron de français.

Quel est cet on mystérieux ? — Votre première phrase est loin d'être claire.

". J'ai lu dans un li-
vre qu'on nous apprend à vivre
quand la vie est passée. La leçon
fut cruelle pour moi, qui, après avoir
passé la première partie de ma jeu-
nesse dans l'illusion trompeuse
d'être un homme invincible parce
qu'instruit, me vois aujourd'hui,
grâce aux hasards des mouvements
politiques réduit à un rôle secondaire
et fort décevant.

. Issu de l'honorable bour-
geoisie d'autrefois, qui ne prévoyait
certes pas qu'elle touchait à sa fin,
je fus élevé par un précepteur à
l'ancienne mode, qui m'enseigna
beaucoup de choses; il croyait qu'il

Impr. Est-ce le rôle joué qui
est décevant; c'est l'épée d'un alésier un
plus brillant.

Illis.

　　我总是非常胆战心惊地扮演达里尤斯①这个人物，他有两段很长的台词，在说这些台词的时候，我几乎总是止不住糊涂起来：我被想象别的东西的意图所吸引。透过面具上的小孔，除了很远处和很高处外，我什么都看不到；在我滔滔不绝地宣读已故国王的预言的时候，我的目光落在了一些无活力的和自由的对象上，落在了一扇窗户上、一处房屋的突出部位上、一角天空上：至少，它们是不害怕的。我后悔受制于这种令人不适的圈套——而我的嗓音则继续均匀地、滔滔不绝地用我本来应该采用的表达语调宣读着。

①达里尤斯（Darios 或 Darius），公元前 6—前 5 世纪古代波斯国三位国王的姓。——译者注

这种神情是从哪里来的呢？是来自自然，还是
来自规则？

关于结核病的回忆。

(每个月，人们都在上一页下端粘上新的一页；最后，竟长达几米：这是在时间里书写其躯体的闹剧方式。)

那是一种没有疼痛、不稳定的疾病，是一种干净的、无气味的、无"本我"的疾病。它只有持续时间长的特征，而且禁止向社会传染；其余，你得病或是痊愈，模糊地取决于医生的某种纯粹的裁决。而在当其他的疾病使人脱离社会化的时候，结核病则把你投射到近似于小部落、修道院和法伦斯泰尔①的一个小小的人种志社会之中：充斥着礼仪、约束、保护。

---

①法伦斯泰尔（phalanstère），傅立叶梦想建立的社会基层组织。——译者注

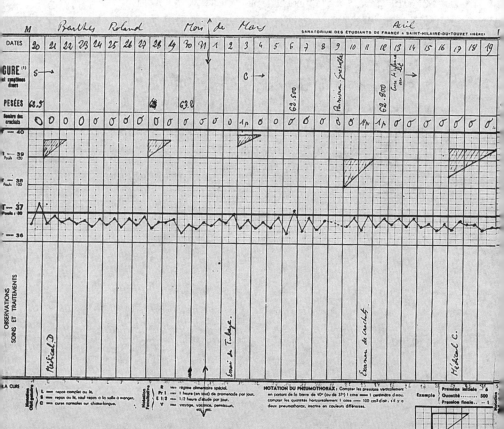

　　可是，我从来没有像这种样子！——您怎么知道呢？您所像的或不像的这个"您"是什么呢？在什么地方采用"您"呢？依据什么形态标准或是表达标准来采用呢？您的真实性躯体在什么地方呢？您是唯一从来只能在影像上看到您自己的人，您从来都看不到您的眼睛，除非您的眼睛被它们置于镜子中或是镜头上的目光所愚弄的时候（只有当我的眼睛看着我的时候，我才有兴趣看我的眼睛）：尽管和尤其对您的躯体也是一样，您注定要凭借想象物。

1942

1970

　　只有当我的躯体重新找到它的工作空间的时候，它才可以自由地想象。这种空间到处都是一样的，它耐心地适应于绘画、写作和整理工作所带来的乐趣。

走向写作。

希腊人说过，树就是一些字母。在所有字母一树中，棕榈树是最美的。写作的丰富与区别特征，就像树叶的展开形状，棕榈树具有写作的最大的效果：散落。

在北方，一棵孤独的松树
立在一处荒凉的山丘上。
它困意浓浓；雪与冰凌
以其白色的大氅包裹着它。

它梦想着在那充满阳光的国度
有一棵美丽的棕榈树，
它忧伤，没有生气，孤寂，
在火辣辣的峭壁上独处。

——亨利·海涅

片　断

　　在他写作的东西中，有两种文本。第一种文本是反应性的，受愤怒、恐惧、内心回应、轻微偏执狂、自卫心理和场面驱使而成。第二种文本是主动性的，受快乐驱使而成。但在写作、修改和服从于风格的虚构过程中，第一种文本自身也成了主动性的，从此，它便失去了其反应性外表，因为这种外表仅靠（短小的插入语中的）只言片语而存在。

形容词

　　他忍受不了有关他自己的任何形象，在被别人

指名道姓时他感到难受。他认为，人际关系的最佳
状态就在于不考虑形象：从一个人到另一个人之间
取消形容词；建立在形容词基础上的一种关系，则
属于形象、属于支配、属于死亡。

（在摩洛哥，他们显然没有建立起关于我的任
何形象。作为善良的西方人，我当时为了这个或是
那个所做的努力，一直没有回应：这个和那个都不
曾以漂亮的形容词的形式回指我；他们想不到要评
论我，他们在不自觉地拒绝培养和恭维对我的想
象。最初，人际关系的这种不明朗状况有点叫人疲
惫难忍；但它又逐渐地显示出像是一种文明财富，
或者像是恋人絮语那种真正辩证的形式。）

惬意

作为享乐主义者（因为他自认为是这样的），
他希望有一种总之是舒适的状态；但是，这种舒适
比由我们的社会来确定其构成因素的家庭舒适要复
杂得多：这是一种由他自己安排、自己动手布置的
舒适（例如我的祖父 B，晚年的时候，他在窗户前
安放了一个台子，以便一边干活一边更好地看看花
园）。对于这种个人的舒适，我们可以称之为：惬
意。惬意接受一种理论尊严［“对于形式主义，我
们不需要保持距离，而只需要保持惬意”，《离题》
(Digression)，1971］，同时也接受一种伦理力量：

这是任何英雄主义都自愿承受的损失，即便是在享
受之中。

类比的魔怪

　　索绪尔最厌恶的，是（符号的）任意性。而他
最厌恶的，是类比。"类比"艺术（电影、摄影），
"类比"方法（例如学院式的批评），都失去了人们
的信任。为什么呢？因为类比包含着一种自然效
力：它把"自然性"看成真实的源泉。而对类比追
加诅咒，即类比是难以克制的［参阅《雷吉肖》
（Réquichot），23 页］：因为一旦看到某种形式，这
种形式就必须像某种东西——人类似乎注定要面对
类比，也就是说最后要面对自然。于是，画家、作
家都在努力躲避自然。怎么躲避呢？那就是借助于
两种相反的过分行为——或是如果我们愿意的话，
就是借助于两种讽刺。这两种讽刺把类比置于可笑
的地位，其方法便是：或者装出一种极为平庸的尊
敬（这是复制，复制也因此得救了），或者依据规
则正常地改变被模仿的对象。（这便是变态，《批评
与真理》，64 页）

　　在这些不规范的情况之外，有益地与无信义的
类比相对立的，是那种简单的结构上的对应性：同
形性（homologie）。这种同形性把对第一个对象的
引述压缩为一种依据一定比例的暗示（从词源学上

讲，也就是说在言语活动的那些快乐时刻，类比就意味着比例）。

（公牛在诱惑物挨近鼻子时看到的是红色；两种红色凑在了一起——一种是愤怒的红色，一种是斗篷的红色。公牛处于完全的类比状态，也就是说完全想象的状态。当我抗拒类比的时候，实际上是抗拒想象。这里指的是：符号的形成、能指与所指的相似性、意象的相似变化、镜子、迷人的诱惑物。所有求助于类比的科学解释——这种情况太多了——都参与诱惑，它们构成了科学之想象物。）

黑板上

51

B先生是路易-勒-格朗中学初中四年级A班的教师，他是一个矮个子老头，社会党人，民族论者。每年的年初，他都在黑板上郑重其事地写上学生们"在战场上光荣牺牲的"父母的姓名。有舅舅、叔叔、堂兄弟、表兄弟牺牲者很多，但只有我能报出父亲阵亡一事；就像对一种特殊标志感到窘迫那样，我对这样做感到局促不安。可是，黑板一经擦过，这种当众表露的悲哀就荡然无存了——除了在实际生活当中（因为实际生活总是静而无声的）呈现出一个没有社会锚地的家庭的形象：没有可敬的父亲，没有可憎恨的家庭，没有可谴责的地方——这完全是俄狄浦斯式的剥夺！

（还是这位 B 先生，每个星期六的下午，他都愉快地让一个学生给他提出一个思考题，哪种题目都可以。不论多么荒唐，他都不放弃从中组织一个小小的听写内容。他一边在教室里踱步，一边即兴成章，以此证实他的精神自制力和轻松自如地构思谋篇的本事。）

片断与听写之间有着滑稽可笑的相似关系：听写有时以社会写作的惯用外在形象，即学校作文的短篇形式重新出现。

钱

由于家贫，他曾经是一个无上层社会交往，但也并非属于底层社会地位的孩子：他不属于任何社会阶层（对于资产阶级集中的 B 市，他只是在学校放假时才去：去看看，就像去看一次演出）；他不分享资产阶级的价值观，他无从对其加以憎恨，因为这种价值观在他的眼里仅仅是一些言语活动的场面，而且具有浪漫性；他只参与其生活艺术［《答复》（Réponses），1971］。这种生活艺术，无铺张挥霍可言，一直存在于缺钱的危机之中；虽然算不上一贫如洗，但却拮据不堪，也就是说，存在着关系紧张、假期问题、买鞋子问题、买课本问题，甚至吃饭问题。一种关于自由补偿、关于快乐，即关于惬意的（它正好是拮据的反义词）的多元决定论的哲学雏形，也许就出自这种可忍受的匮乏状况（拮据总是存在的）。其构成性问题无疑是钱的问题，而不是性别问题。

在价值方面，钱具有两种相反的意义〔这是一种对立义素（énantiosème）〕：它尤其在戏剧里受到非常严厉的指责（1954 年左右，许多文章攻击金钱戏剧），接着，继傅立叶之后，反对三种与钱对立的道德论使钱的名誉得到恢复，这三种道德论是马克思主义、基督教主义和弗洛伊德主义（《萨德·傅立叶·罗犹拉》，90 页）。可是，当然，被禁止的并不是存留的钱、节省的钱、攒出的钱，而是破费的钱、浪费的钱，这种钱甚至就由于耗费行为而被扔掉，又由于一种产品的昂贵而变得光彩夺目；于是，从隐喻上讲钱就变成了黄金——能指的黄金。

52 阿耳戈大船

经常出现一幅画面，即阿耳戈大船①的画面（明亮而呈白色），船上的英雄们一点一点地替换着每一个部件，以便最终能搞成一艘全新的大船，而不需要改变其船名和形状。这艘阿耳戈大船是很有用的：它可以提供有关一个结构性非常强的对象的讽喻，这个对象不是由天才、悟性、决心和进化观

---

① 阿耳戈大船（Argo）：古希腊神话中的一艘速度很快的大船。——译者注

创立的，而是由两种不起眼的行为创立的（这两种行为难以在创造活动的任何神秘性之中得到理解）——替换（一个部件替换掉另一个，就像在一种聚合关系中那样）和命名（这个名称与部件的稳定性无任何联系）。当在同一个名称的内部进行结合的时候，起源就荡然无存了。阿耳戈大船是一个只有名称但无原因而存在的客体，它也是一个只有形状而无其他身份的客体。

还有一艘阿耳戈大船：我有两个工作空间，一个在巴黎，另一个在农村。从一个到另一个，不存在任何共同的对象，因为没有任何东西被运走。可是，这两个地方是相同的，为什么呢？因为占有的工具（纸张、笔、写字台、挂钟、烟灰缸）是相同的；是空间的结构构成了其同一性。这种个人的现象足以说明结构主义：系统优于客体的存在。

傲慢

他不大喜欢在取得胜利的时候发表谈话。他由于难以承受来自任何人的欺辱，所以只要有某种胜利在某个地方形成，他就立即想到别处去。（如果他是上帝的话，他就会不停止地推翻所有的胜利——这就是上帝在做的事情！）即便是最正确的胜利，当其进入话语的层面的时候，它也会变成很坏的言语活动价值，即某种傲慢。该词曾在巴塔伊①的作品中出现过，他在某个地方讲的是科学上的傲慢，却铺展到了所有的盛气凌人的话语。因此，我承受着三种傲慢态度：科学的傲慢态度、多格扎的傲慢态度和战斗者的傲慢态度。

多格扎（Doxa，这个词会经常出现），即公共舆论，即多数人的精神，即小资产阶级的一致意见，即自然性的语态，即偏见之暴力。（莱布尼茨②的用语）"doxologie"一词③可被我们用来指称任何与外表、与舆论或与实践相一致的说话方式。

有时，他对自己曾听任一些言语活动的恐吓而感到后悔。于是有人便常对他说：可是，没有这一点，您就不可能写作了！傲慢开始巡行了，就像一种醇厚的葡萄酒在文本的宾客们之间斟饮那样。关联文本（intertexte）不仅包括一些精心选择的、暗地喜爱的、自由的、适宜的、大方的文本，还包括一些共同的、盛气凌人的文本。您自己也可以是另一个文本的傲慢文本。

没有太大的必要去说"主导性意识形态"，因为这是一种同义叠用：意识形态不是别的，它仅仅是处于主导地位的观念［《文本的快乐》（Le Plai-

① 巴塔伊（Georges Bataille，1897—1962），法国作家。——译者注
② 莱布尼茨（Gottfried Wilhelm Leibniz，1646—1716），德国哲学家和数学家。——译者注
③ "doxologie"，"老生常谈"之意。——译者注

sire du texte），53 页]。但是，我却可以主观地夸
大和这样说：傲慢的意识形态。

肠卜僧的动作

在《S/Z》一书中（20 页），词汇（lexie）（即
读物片断）被比喻成了由肠卜僧①用棍子在空中切
割的一块天。这个意象曾使他高兴。这根向着天即
向着不可戳破之物而舞的尖棒，从前想必是美妙
的；而后来，这种举动就变得疯狂了：郑重地划定
一种界限（但这种界限又立即荡然无存，只剩下切
割的一种智力余感），并专心于一种意义的完全惯
常的和完全任意的准备工作。

认同，不是选择

"朝鲜战争为的是什么呢？一小股法国志愿兵
无目标地在北部朝鲜的树丛中巡逻。他们中的一个
受伤后被一位朝鲜小姑娘发现，小姑娘把他带回村
庄，他又受到村民们的接纳。这个士兵选择留下
来，与他们一起生活。选择，至少是我们的言语表
达方式。它不完全是维纳弗的言语表达方式。实际
上，我们不是在目睹一种选择，也不是在目睹一次

①　肠卜僧（aruspice）：古罗马依据牺牲者的内脏进行占卜的僧人。——译者注

谈话，更不是在目睹一次开小差，我们目睹的是一种逐渐的认同：士兵接受了他所发现的朝鲜……"〔米歇尔·维纳弗（Michel Vinaver）：《今天或朝鲜人》（*Aujour'hui ou les Coréens*），1956〕

后来，过了很久（1974），在他去中国旅行之际，他曾经试图重新采用认同一词，来使《世界报》的读者们即他的范围内的读者们理解他并不"选择"中国（当时缺少许多因素来明确这种选择），而是像维纳弗的那个士兵一样，在不声不响之中（他称之为在"平淡"之中）接受那里正在做着的事情。这一点不大被人所理解。知识界所要求的，是一种选择：必须离开中国，就像一头公牛离开门栏，冲入满是观众的斗牛场那样，怒不可遏或是盛气凌人。

真实与论断

他不安起来，有时非常强烈——有几个夜晚，在一整天的写作之后，甚至达到一种恐怖的程度。这种不安来自于他感觉到要生产一种双重话语的时候，这种话语的方式在某种程度上超过目的：因为这种话语所针对的并不是真实，但它又是论断性的。

（他很早就出现了这种局促状况。他在努力控制住它——不这样做，他就得停止写作——他在这样做的时候，他想象言语活动是论断性的，而不是他是论断性的。所有的人都该会认为，为每个句子加上一个不确定的尾句的做法十分可笑，就好像任何来自言语活动的东西都可以使言语活动发抖一样。）

（出于同一种感觉，每写作一样东西时，他都设想他将会伤害他的朋友们中的一个——从来都不是同一个朋友，而是轮换着的。）

无定所

被插入：我被插入、被指定在一个（知识阶层的）场所、一个社会等级（或者说社会阶级）的住所。只有一种内心自知的学说可以对付这种情况：那就是无定所（atopie）学说（即关于住处飘忽不定的学说）。无定所优于空想（空想是反应性的、策略性的和文学性的，它来自于意义，并使意义前进）。

回指性

令人迷惑的复制，即叫人感兴趣的复制，是脱节的复制。这种复制在重新生产的同时，也返回到原处：复制只能在返回原处的情况下才能重新生产，复制搞乱了复制品的无限的链式排列。今天晚上，植物园餐厅的两个堂倌去波拿巴餐厅喝开胃酒。一个与他的"夫人"一起，另一个忘记了服用治疗伤风的胶囊；他们享受到了由波拿巴餐厅当班的年轻堂倌提供的服务［佩尔诺酒（Pernod）和马蒂尼酒（Martini）］（"抱歉，我不知道这是您的夫人"）。他们继续在充满亲热和自反性的动作之中饮酒，然而，他们的角色仍然是强制地分开的。这种反光作用（réverbération）到处可见，总是诱人的：理发师让别人理发，（摩洛哥的）擦鞋匠让别人擦皮鞋，女厨师让别人供饭吃，喜剧演员在停演的那天也去看戏，电影艺术家也看电影，作家也看书，资深的打字员 M 小姐在不出现涂改横杠时就不能写出"横杠"这个字，作为掮客的 M 先生找不到任何人为他搞到（为了他个人的用途）可向客户提供的对象，等等。所有这一切，都是回指性（autonymie）：一种环形活动的令人不安的（喜剧性的和平淡的）斜视。如改变字母位置就可以成为一个新词的现象、颠倒的叠印现象、层次的打乱现象。

挂车

从前，有一辆无轨电车在巴约纳市至比亚里茨市（Biarritz）之间穿行；每逢夏天，人们就给它挂上一节完全开放的、可穿行的车厢：挂车。大家都很高兴，都愿意搭乘挂车。沿着很少有所补加的景

致，人们可以观赏全景，也可以享受运动感和新鲜
空气。今天，既没有了挂车，也没有了无轨电车，
去比亚里茨的旅行真是一次苦役。这样说，并不是
为了神话般的美化过去，也不是借怀念无轨电车而
想道出对于已逝青春的惋惜。这是为了说明生活的
艺术没有历史——它不演变：降临了的快乐，就是
永远地降临了，它是不可取代的。其他的快乐来到
了，它们什么也代替不了。在快乐之中无进步可
言，而只有变化。

当我玩捉人游戏的时候……

当我在卢森堡公园（Luxembourg）玩捉人游
戏的时候，我的最大乐趣并不是惹逗对手和轻率地
被人捉住，而是解救被捉住的人——其后果便是使
得各方都运动起来：这时游戏又从零开始。

在言语能力的大游戏之中，人们也玩捉人游
戏：一种言语活动只是临时地对于另一种言语活动
具有指挥作用，只需第三种言语活动出现，以使进
攻者不得不后退。在各种修辞学的对立之中，胜利
只属于第三种言语活动。这第三种言语活动的任务
就是解救被俘虏者：分散所指，分散信条。就像玩
捉人游戏一样，言语活动之上又有言语活动，无休
无止，这便是驱动语言世界的法则。由此产生其他
的意象：蒙目击掌猜人游戏的意象（手放在手上；

第三只手又叠上去，这就不再是第一只手了），石头—剪子—布游戏的意象，无核而只有皮的洋葱头的意象。但愿区别不需要服从任何束缚：没有最终的辩驳。

姓氏

　　他童年时代的一部分时间，被他听到的一种特殊内容占去了：巴约纳地区的老一辈资产阶级的姓氏。祖母整个白天都对他重复那些姓氏，因为祖母很喜欢外省的上流社会。那些专有名词都是很标准的法语姓氏，可是在这种规定之中，也经常有一些是很有新意的。那些姓氏在我的耳边组成古怪的能指花环（其证明就是我至今还清楚地记得——为什么呢?）：勒伯夫（Leboeuf）夫人，巴尔贝-马森（Barbet-Massin）夫人，德莱（Delay）夫人，武勒格尔（Voulgres）夫人，波克（Poques）夫人，莱昂（Léon）夫人，弗鲁瓦斯（Froisse）夫人，德·圣-帕斯图（de Saint-Pastou）夫人，皮绍努（Pichoneau）夫人，普瓦米罗（Poymiro）夫人，诺维翁（Novion）夫人，皮许鲁（Puchulu）夫人，尚塔尔（Chantal）夫人，拉卡普（Lacape）夫人，昂里凯（Henriquet）夫人，拉布鲁舍（Labrouche）夫人，德拉斯博德（de Lasbordes）夫人，迪东（Didon）夫人，德利涅罗尔（de Ligneroles）夫人，加朗斯（garance）夫人。人们怎么会对于姓氏钟爱不舍呢？没有人怀疑是换喻的缘故：因为这些夫人并不招人喜欢，甚至也并非美不胜言。可是，没有这种特殊的贪婪劲头，就不可能去阅读一部小说，去阅读一些回忆录（我在阅读德让利[1]夫人的作品时，就兴致很浓地去注意古代贵族的姓氏）。这不仅仅需要一种关于专有名词的语言学，它还是一种色情——姓氏，就跟语态一样，就跟气味一样，它还是表明一种忧郁的词语：欲望与死亡。上个世纪的一位作者这样说过：它是"事物留下的最后一次呼吸"。

关于愚蠢，我只能说……　　56

　　每一周在音乐电台（FM）收听到的音乐，在他看来都是"愚蠢的"，他得出的结论是：愚蠢很像是一个坚硬的、不可分的核，是一个原始人（primitif），科学地分解它是不必要的（如果对于愚蠢的科学分析是可能的话，那么所有的电视系统就都该垮了）。何谓愚蠢呢？一种场面？一种审美虚构？也许是一种幻觉？也许我们就想把自己置于画面之中？那种画面该是好看的、令人窒息的和古怪的。总之，对于愚蠢，我只能这样说：它诱惑我。

---

　　① 德让利夫人（Comtesse de Genlis，1746—1830），法国作家，法国国王路易·菲利普一世（Louis Philippe，1773—1850）的家庭教师。——译者注

诱惑，即是愚蠢（如果我能偶尔说出其名称的话）
在我身上引起的准确感觉：它在抱紧我（它是难以
对付的，什么都抓不住它，它会在蒙目击掌猜人游
戏中抓住你）。

喜爱一个念头

　　在一段时间里，他曾热衷于二元论（bina-
risme）；在他看来，二元论是一个真正的可爱的
对象。他认为，这个念头从未表现出似乎已经被
开发完了。人们可以仅以一种区别来说任何事情，
这种做法在他身上产生着一种乐趣、一种连续的
惊奇。

　　智力方面的事情与爱情方面的事情相似，在二
元论中，使他高兴的，是一种外在形象。这种外在
形象，与他后来在价值的对立关系中所发现的是一
致的。使符号学（在他身上）偏离的东西，曾首先
是这种符号学的享乐原则：拒绝二元论的符号学几
乎不再与他有关系。

年轻的资产阶级姑娘

　　在激烈的政治动乱中，他在学习弹钢琴、学习
水彩画：这都是 19 世纪一位年轻的资产阶级小姐
从事的装点门面的事。——我现在把问题颠倒过

来：在昔日资产阶级小姐的实践中，是什么东西超越了她的女性性别和阶级呢？这些行为的理想国是什么呢？年轻的资产阶级小姐在无益地、愚蠢地为她自己而生产，但她一直在生产：这是属于她自己的能耗形式。

爱好者

爱好者（即不想精通也不想参加比赛的练习绘画的人、练习音乐的人、练习体育的人、喜爱科学的人）继续他的享乐（amator，即表现出喜爱和继续表现出喜爱的人）。他根本不能说是一位（富于创造性的、高技能的）英雄。他优雅地（但毫无用处地）坐定在能指之中：在音乐、绘画的直接的最终材料之中。通常来讲，他的实践不包含任何自由速度（rubato）（对于对象的这种盗窃有利于属性）。他现在是——有可能将来也是——反资产阶级的艺术家。

布莱希特对于罗兰·巴尔特的指责 57

罗兰·巴尔特似乎总想限制政治。难道他不了解布莱希特[①]曾经特意为他写的东西吗？

---

① 布莱希特（Bertolt Brecht，1898—1956），德国诗人、文艺理论家。——译者注

"例如，我希望生活中少一点政治。这意味着我不想成为政治主体。但是，这并不因为我更想成为政治对象。不过，还是应该要么成为政治对象，要么成为政治主体，没有其他的选择。问题不在于或者既不是这个也不是那个，或者两者都不是。因此，我似乎必须搞点政治，而且我甚至不该决定我应该搞的政治的多少。这样一来，我的生命就很可能应该贡献给政治，甚至为其作出牺牲。"〔《论政治与社会》（*Écrits sur la politique et la société*），57 页〕

他的场所（即他的领域），是言语活动：他正是在这里才行动或是放弃，他的躯体正是在这里可以或是不可以。为了政治话语而牺牲其言语活动的生活吗？他很想成为主体，但不是政治演说家（演说家，即宣读讲稿、讲述讲稿，同时也是正式公布讲话内容和以签字来确认讲话内容的人）。这是因为他不能从他的一般的、重复的话语中剥离政治真实，也因为在他看来政治家是被取消权利的。可是，从这种被取消权利的情况开始，他至少可以使他写作的东西具有政治意义：就像他是一种矛盾的历史见证人一样，这种矛盾便是一位敏感的、渴求的和平心静气的（不应该将这几个词分开）政治主体的矛盾。

政治话语并不是唯一可以重复的、可以普及的、可以令人疲惫的话语：一旦在某个地方出现话语的一种变化，紧接着就有一部《圣经》和其一系列令人疲惫的僵死的句子。在他看来，这种共同的现象在政治话语中之所以尤其不能容忍，是因为重复在此采取了顶级的速度。政治以成为关于真实的基本科学为己任，我们也从幻觉出发赋予其一种最后的能力，即征服言语活动、把任何闲聊都缩减为其最微小的真实部分的能力。那么从此以后，如何在无悲哀的情况下能容忍政治也进入到言语活动的行列，并转变成为喋喋不休的废话呢？

（为了使政治话语不被重复所纠缠，就需要一些罕见的条件：或者由它自己建立一种新的推理性方式——这就是马克思的情况；或者稍差一些，由一位作者借助于言语活动的一种简单的理解力，借助于关于其特定效果的科学，生产一种既严格又自由的政治文本，该文本能确保其审美特殊性的特征，就像他能发明也能改变他所写的东西那样——这便是布莱希特在《论政治和社会》中的情况；或者，政治以一种模糊和不大可靠的深度武装和改变言语活动的物质本身——这便是文本，例如法律文本的情况。）

对于理论的要挟　*58*

有许多（尚未发表的）先锋派文本是靠不住的：

怎么评判它们、集注它们，又怎么为其预言一种直接的或遥远的未来呢？它们高兴这样吗？它们厌烦这样吗？它们明显的特点，是故弄玄虚：它们急于操作理论。可是，这种特点同时也是一种要挟（一种对于理论的要挟）：请喜欢我，留住我，保护我，因为我符合您所要求的理论；难道我与阿尔托①和凯奇②等人做的不是一样的事情吗？——但是，对于阿尔托，那并不仅仅是"先锋派"，那也是写作；凯奇也有其魅力……——正是在此，一些品质恰恰没有被理论所承认，它们甚至有时被理论所唾弃。请您至少将您的爱好与您的想法协调起来，等等。（此种情景在继续，在无限地继续。）

夏洛特

小时候，他不怎么喜欢有夏洛特③这个人物的电影。后来，他在不盲从于人物的模糊而又使人平静的意识形态的情况下［《神话学》（Mythologies），40 页］，发现了这种既非常大众化（他就曾经是非常平易近人的）又非常奸猾的艺术的某

---

①　阿尔托（Antonin Artaud，1896—1948），法国作家、喜剧演员和话剧演员。——译者注

②　凯奇（John Cage，1912—1992），美国作曲家。——译者注

③　夏洛特（Charlot），英国裔美国电影艺术家卓别林（Charles Spencer Chaplin，1889—1977）于 1913 年在美国塑造的一个喜剧人物，该人物曾出现在他的多部喜剧电影作品中。——译者注

种乐趣。这是一种合成的艺术，这种艺术并不直接地采用多种审美情趣和多种言语活动。这样的艺术家能引起全面的快乐，因为他们提供的文化意象既是有区别的又是集体的，即多元的。这种意象就像第三项那样运作，这第三项是对包括我们在内的对立关系（大众文化或是高级文化）的破坏的一项。

电影的实在性

对电影的抵制：在电影里，不论有关平面的修辞学怎样，能指自身从本质上讲总是平滑的；这是一种不间断的画面连续动作；胶片（名称起得好：它就是一张无开裂的皮）接续不断，就像一种会说话的带子——无法确定这种片断、这种俳句的地位。表现方面有一种约束（类似于语言的那些必须遵守的内容），即必须接受一切：要接受一个人的一切，这个人走在雪地里，甚至在他表明意图之前，我就知道了一切；相反，在写作的情况里，我却不必明白主人公的指甲是怎样形成的——但是，如果他希望，文本就会告诉我，而且是强有力地告诉我，荷尔德林①有着很长的指甲。

　　[刚写完这一点，我就觉得这似乎是在承认想

————————

① 荷尔德林（Friedrich Holderlin, 1770—1843），德国诗人。——译者注

象物。我本该像说一种梦幻性的言语那样来陈述这
种想象物，这种言语在寻求我抵制或者我希望的原
因。不幸的是，我不得不论述：在法语中（也许任
何语言在这方面都一样），缺少一种可以轻柔地
（我们的条件式还是语气太重）说出的东西——根
本不是说出智力的疑虑，而是说出那种致力于变成
理论的价值。]

59

尾句

在《神话学》一书中，政治经常出现在最后的
部分（例如："因此，我们看到，《失去的大陆》①
中的'美丽的画面'不能是无辜的：失去了在万隆
重新找到的大陆，不能说是无辜的"）。这种尾句可
以说具有三种功能：修辞性的（画面装饰性地自我
关闭）、体貌特征性的（通过一种介入计划，最后
获得一些主题分析）和经济性的（人们试图用一种
更为简洁的方式代替政治论述，除非这种简洁的方
式仅仅是人们借以排除理所当然的论证的那种毫无
拘束的方法）。

在《米什莱》(*Michelet*) 一书中，这位作家的
思想意识被放在了（最初的）一页上。罗兰·巴尔
特保留并排除政治社会论：他把它作为标记来保

---

① 《失去的大陆》(*Continent perdu*)，一部大型纪录片，讲的是几个意大利人到东
南亚地区探险的故事。——译者注

留，又把它作为烦恼来排除。

重合

　　我一边弹钢琴一边记录自己的声音。最初，是出于能听得到自己的好奇心，但很快，我就听不到自己了，我所能听到的，虽然可以说多少表露出一点意愿，但都是巴赫和舒曼，都是他们的音乐的纯粹的物质性。因为这涉及到了我的陈述活动，谓语失去了任何相关性；相反，作为悖论的现象是，如果我听李斯特的音乐或是霍罗威茨①的音乐，我就会有数不清的形容词出现在面前——我听得到他们的音乐，而听不到巴赫或是舒曼的音乐。那么，会发生什么事情呢？当我在弹钢琴之后——即在我一个一个地发现我出现的错误的那个清晰时刻过后——听自己，就会出现某种罕见的重合：我的动作的过去时与我的听之行为的现在时发生了重合，而且在这种重合中取消了评论，只剩下了音乐（当然，剩下的，丝毫不是文本的"实际"，就好像我此前发现了舒曼的"真实"或是巴赫的"真实"一样）。

　　当我假装重新写作我以前写过的东西的时候，也会以相同的方式出现一种废除活动，而不是出现

---

　　① 霍罗威茨（Vladimir Horowitz，1905—1989），乌克兰裔美国钢琴演奏家。——译者注

一种实际活动。我不会用我现在的表述去服务于我
以前的实际（按照经典的做法，人们会以可靠性来
庆祝这种努力），我拒绝对我自己以前的一部分继
续进行令人精疲力竭的努力，我不寻求恢复自己
（就像有人对一个纪念物所说的那样）。我不说：
"我要描述我自己"，而是说："我写作一个文本，
我称之为罗兰·巴尔特"。我放弃（对于描述的）
仿效，我依靠命名。难道我不知道在主体范围内没
有指称对象吗？（传记的和文本的）事实在能指之
中被取消了，因为事实和能指直接地重合了。我在
写作自己的时候，我只是在重复最后的过程，巴尔
扎克正是借助于这种过程在《萨拉辛》（Sarasine）
中使阉割活动与阉割物"重合在了一起"。我自己
是我个人的符号，我是发生在我身上的故事。我在
言语活动中是自由的，我没有任何可与我相比的东
西；而在这个活动中，"我"作为想象的人称代词
被认为是非—恰当的。符号逻辑就严格地变成直接
性的了。对于主体生命的主要威胁是，对于自身的
写作可以表现为一种自负的念头，但是，这也是一
种简单的念头——简单得就像自杀的念头。

    有一天，为了消磨时间，我就我的计划查阅了
一下《易经》。我抽到了第二十九卦——坎：危险！
深渊！鸿沟！　（工作忍受着魔法的折磨：面临
危险。）

61

字迹引起的享乐：先于绘画、音乐。

对比就是理智

　　他既严格又富有隐喻地、既咬文嚼字又含糊地把语言学用于某种远离的对象：例如萨德①式的色情（《萨德·傅立叶·罗犹拉》，34 页）——这使他可以谈论萨德的语法。同样，他还把语言学系统（聚合体/组合体）用于风格学系统，并根据出现在纸上的两种轴来为作者的修改内容进行分类［《新文学批评论文集》（*Nouveaux écrits critiques*），138 页］；还是同样，他以在傅立叶的概念与中世纪的体裁之间［即在概述—摘要与预示艺术（ars minor）之间，《萨德·傅立叶·罗犹拉》，95 页］建立一种对应关系来获得快乐。他不生造，他甚至不组构，他转述。在他看来，对比就是理智。他通过某种更为同系的而不是隐喻的想象力（因为人们在对比系统，而不是对比意象），从使对象出现偏移之中获得快乐。例如，如果他谈论米什莱②，他就在米什莱身上做他认为米什莱对于历史材料已经做过的事情：他借助于完全的意义转移来进行，他爱抚地进行（《米什莱》，28 页）。

　　他有时也自我表白，用一个句子重复另一个句子。（例如：“但如果我喜欢提出要求呢？如果我有

---

　　① 萨德（Donatien Alphonse FranZois, Marquis de Sade, 1740—1814），法国色情小说作家。——译者注

　　② 米什莱（Jules Michelet, 1798—1874），法国历史学家和作家。——译者注

某种母性的欲望呢?"《文本的快乐》，43 页）就像他
想写个概述，但他却无法走出来，他只能在概述上
叠加概述，因为他不知道哪一个是最好的。

真理与稳定性

坡[①]说过（*Eurêka*）：“真理存在于稳定性之
中。”因此，不能承受稳定性的人，便把真理之伦
理学拒之身外。一旦词语、命题、观念采取和过渡
到固定状态、俗套状态（俗套意味着固定），他就
把它们放弃。

与什么同时代？　62

马克思曾认为，就像古代的人民靠想象在神话
中经历了他们的史前时代一样，德意志人靠思考在
哲理中经历了我们的后历史时代。我们是现在时的
哲理同代人，而不是它的历史同代人。同样，我只
是我自己的现在时的想象的同代人：与他的言语活
动同代，与他的玄想同代，与他的系统同代（也就
是说与他的虚构同代），一句话，与他的神话或与
他的哲理同代，而不是与他的历史同代。因为我只
停留在处于晃动的影像中：虚幻的影像。

---

　　① 坡（Edgar Allan Poe，1809—1849），又译为爱伦·坡，美国作家和文艺批评
家。——译者注

对于契约的含混歌颂

他对于契约（条约）的第一个印象，总的说来是客观的：符号、语言、叙事、社会，都以契约的方式在运作。但是由于这种契约通常都是被掩盖着的，所以批评活动就在于读解理智、托词和外表的疑难之处，一句话，就是读解社会的自然性，以便揭示作为语义和集体生活之基础的那种有节制的交流活动。可是，在另一个层面上，契约是一种不好的对象：这是一种资产阶级的价值，它只是使某种经济的同等回报做法合法化。资产阶级的契约这么说：有来才有往。因此，在歌颂会计学、赢利率的名义下，必须识辨卑鄙、识辨吝啬。同时，在最后一个层面上，契约不停地被人所希求，就像它是一个最终"正规化了的"世界的司法一样：在人的各种关系中追求契约（一旦某种契约得以建立就具有很大的安全感），对于只接受而不给予表示反感，等等。在这一点上，由于躯体直接介入进来，所以，好的契约的样板，就是卖淫契约。因为这种契约，虽然被所有的社会和所有的制度（远古制度除外）都说成是不道德的，但它实际上是在解放人们可以称之为交易中的想象性困难的东西：对于别人的欲望、对于我对他来讲是什么，我要遵循什么呢？契约取消这种悬念。总之，它是主体在不落入相反的但同样是被憎恨的两个意象之中的情况下可以坚持的唯一态度。这两种意象是"私心人"的意象（他要求，而不担心无任何东西可给）和"圣人"的意象（他给予，而禁止自己要求什么）。因此，契约的话语规避两种整体情况。它可以让我们观察在日本志木台画廊（Shikidai）里被识辨出的任何居住的黄金规则："没有任何强取豪夺，可是也无任何奉献。"[《符号帝国》（*Empire des signes*），149 页]

不合时宜

他的（公开承认的？）梦想是将资产阶级生活艺术（存在着这种艺术——也有过一些这种艺术）的某些魅力（而我不说：一些价值观）转移到一个社会主义社会之中去——这就是他所谓的不合时宜。整体论这种幽灵与这种梦想是对立的。整体论幽灵希望资产阶级现象全面地被置于死地，并且能指的任何遁逝都会受到惩罚，就像赛跑时只带回来一身脏泥那样。

63

是否可以像享受一种域外情趣那样来享受一下资产阶级的文化（变形的文化）呢？

我的躯体只在……存在

我的躯体只在两种通常的形式下才存在于我自

身：偏头疼和色欲。它们不是一些过分的状态，相反，它们很有节制、很容易接近或是很容易医治，就像在这种或那种情况里我们决定在躯体的光彩的或可恶的形象上幻化它们一样。偏头疼只不过是躯体不适的最初程度，色欲通常只被看成是一种低级的享乐。

换句话说，我的躯体不是一个英雄。不悦或快乐（偏头疼也在抚慰我的某些时日）的轻浮和扩散性特征，与躯体构成作为严重违犯常态之温床的古怪而富于幻觉的场所是相对立的；偏头疼（我在此不准确地把一般的头疼都称为偏头疼）与色欲快乐只不过是一些肌体感觉，这些感觉负责使我自己的躯体个性化，而我的躯体则不能以没有任何危险而自豪：我的躯体对其自身来讲不太富有戏剧性。

多元躯体

"是什么样的躯体呢？我们有多个躯体。"（《文本的快乐》，39 页）我有一个可助消化的躯体，我有一个可引起恶心的躯体，第三个躯体是患有偏头疼的躯体，以此类推还有：色欲的躯体、肌肉的躯体（作家的手）、幽默的躯体，而尤其是情感的躯体：它激动、不安，或郁闷，或激奋，或惊恐，而不需要表现出什么。此外，神话的躯体、人造的躯体（例如日本身着异性服饰的躯体）和（演员的）

被出卖的躯体。而在这些公共躯体之外，如果我可以说的话，我还有两种躯体：一个巴黎的躯体（警觉的和疲倦的躯体）和一个乡下的躯体（休闲的和懒洋洋的躯体）。

肋骨

有一天，我使我的躯体变成了这个样子：

1945 年，在雷赞市（Leysin）做外膜气胸手术，我的一根肋骨被拿掉了，然后，人们又将其包在一小块药用纱布里，郑重其事地还给了我（大夫们，当然是瑞士大夫们，都对我说，我的躯体属于我，尽管已成碎块，他们还是还给了我：不管是生还是死，我是我的骨头的主人）。我把我的这根骨头在抽屉里保存了好久，它俨然一块骨质阴茎，形似羔羊排骨中的长骨。我不知把它怎么办，由于担心糟蹋自己的身体，也不敢把它扔掉，尽管把它锁在写字台里与那些"珍贵的"物件为伍于我毫无用处。那里边有一些旧钥匙，一个学生记分册，一个珍珠质的舞票本和一个我祖母 B 留下的玫瑰色塔夫绸地图夹。后来，有一天，我明白了，任何抽屉的功能，都在于使物件于一个虔诚的场所即一处灰尘遍布的小教堂里度过一段时间之后再使其慢慢死亡和适应死亡。在这个场所里，人们以保存其活着的

64

状态为名，为其安排了抑郁垂死的恰当时间。但是，我还不至于把自己的一块东西扔到住房的公用垃圾桶里，于是，我便在阳台上摆弄这块肋骨和纱布，就像我极富浪漫色彩地把我的骨灰撒到塞尔旺多尼街上，那里，正有一条狗想必就是循味而来的。

不可思议的意象曲线

索邦大学的教授 R.P 先生在他那个年份把我当成骗子。T.D 现在则把我当成索邦大学的教授。

（让人惊奇和使人激动的，并不是他们观点的不同，而是他们之间的严格对立。由此使您发出呼喊：太过分了！——这大概是一种真正结构的享乐，或者是一种真正悲剧的享乐。）

价值——词语的偶联

某些语言似乎包含着一些对立义素，即一些在形式和意义上相反的单词。在他看来，同一个词可以是好的词也可以是坏的词，而不需要提前预告。当人们在"资产阶级"的历史的、上升阶段的、进步的时期接受它的时候，它就是好的；而当它被消灭的时候，它就是坏的。有时，语言偶尔提供一个双义词的分开办法："结构"，在开始时是有很好的

价值的，但在出现许多人都把它当作一个静止的形
式（一个"计划"，一个"图示"、一个"模式"）
的时候，它就失去了信誉。幸运的是，"结构活动"
已经存在，它取代了前者，并出色地包含着强有力
的价值：进行（faire），即（"毫无意义的"）反常
的耗费。

同样，而且更为特别的是，具有好的价值的，
不是色情(érotique)，而是色情活动（érotisation）。
色情活动是一种色情生产过程：它轻盈、扩散、水
银似的；它在无固定状态下循环。一种多方面的和
动态的调情活动把主体与发生的事情联系在了一
起，它先是装出自我控制的样子，随后又附兴于其
他事情（再往后，这种经常改变的景致有时就被一
种突然的静态所切割、所结束：爱情）。

65

两种夹生

夹生既指食物也指言语活动。他从这种（"可
贵的"）含混性中获得重新回到其陈旧问题（即自
然性的问题）的方式。

在言语活动的领域内，外延（dénotation）只
有通过萨德的性别言语活动才能真正被触及（《萨
德·傅立叶·罗犹拉》，137 页）；在别处，它只是
一种语言学的赝像。这样，外延就用于使言语活动
的纯粹的、理想的、可信的自然性产生幻觉。而在

食物领域，外延则与同样是大自然纯粹意象的蔬菜和肉类的夹生相一致。但是，食物和词语的这种亚当式的状况是难以维持的：夹生会立即被当作它自己的符号而收回。夹生的言语活动是一种淫秽的言语活动（它歇斯底里地模仿情爱的享乐），而这两种夹生都只不过是文明化了的饭菜的一些神话价值，或者是日本菜盘中的一些审美装饰。因此，夹生就过渡到了假自然性的被人厌恶的类别：由此，产生对于言语活动夹生的厌恶和对于肉的夹生的厌恶。

分解与破坏

我们假设，知识分子（或作家）的历史任务，在今天就是维持和加强对资产阶级意识的分解。因此，就需要在意象上保留其全部的准确性。这就意味着，人们都自愿装出待在这种意识之内部的样子，也意味着人们即将使其当场受到损害、受到削弱、受到瓦解，就像人们把糖块浸到水中那样。因此，分解在此是与破坏（destruction）相对立的：为了破坏资产阶级的意识，就必须暂时离开它，而这种外在性只有在变革的形势里才是可能的。但在别处（这里和现在），破坏最终只是重新构成一个言语场所，其唯一的特征就是外在性：外在的和不变的。这便是那种教条的言语活动。总之，为了破

坏，就必须能够跨越。但是在何处跨越？在何种言
语活动之中？在何种心安理得与自欺①的场所？在
分解的同时，我同意陪伴着这种分解，同意逐渐地
自我分解：我失去控制，我紧紧抓住，我在拖延。

H 仙女 [66]

　　一种异常情况所拥有的享乐能力〔在这种情况
下，两种 H 的异常情况：同性恋（homosexualité）
和印度大麻（haschisch）〕总是被低估。法律、公理、
多格扎、科学，都不想理解异常完全可以使人快乐；
或者更准确地讲，异常还产生更多的东西：我变得
更敏感、更富有洞察力、更会说话、更会娱乐，等
等——而区别就落定在这更多的东西中（然而，生活
的文本，生活就如同文本）。从此，它便是一位仙女、
一种非词语性的外在形象、一种代为说情的途径。

朋友们

　　他在为"道德观"（moralité）一词寻找定义。

---

　　① 这里，巴尔特采用了萨特的两个概念："心安理得"（bonne conscience）与"自
欺"（mauvaise foi）。萨特在《存在与虚无》（L'être et le néant）第二章中确定的定义为：
"自欺就是欺骗，但却是对于自身的欺骗"，而"心安理得"则是"自欺"的表现。——译
者注

这个词，他在尼采的作品中读过（古希腊人有关躯体的道德观），并且把它与道德（morale）对立起来；但是，他又不能使这个词概念化。他只能为其划定一种实施范围，即一种场域。在他看来，这种范围显然是友情之范围，或者更可以说（因为这个用拉丁语表示的词太生硬、太一本正经），是朋友们的范围（在谈到朋友们时，我从来都只是在一种偶然性即区别性中对待我自己和对待他们）。在这种有教养的情感空间中，他发现了这种新的主体的实践，有关这种新的主体的理论今天他仍在寻找。朋友们之间构成网络，每一位都应理解自己既是外在的又是内在的，在每次会话时都应顺从域外的提问：在各种欲望之间，我在什么地方呢？我在欲望的何处呢？这个问题，是因为友情之千变万化才向我提出来的。因此，一篇热烈的文本即神奇的文本便日复一日地写着，它作为被解放的书籍的光辉形象，永远没有终结。

就像有人把紫罗兰的气味或茶的味道（表面上看，它们都很特殊，都难以模仿，都无法表达）分解成某些成分，而这些成分的巧妙组合又产生同一种物质一样，他想到，每个朋友的身份都使其变得可爱，但这种身份均属于细心配制的一种组合，而且从此这种身份便是特殊的，并具有在转瞬万变的场景中日复一日汇聚起来的细微特征。于是，每个人都在他面前充分地表现其特殊性。

在过去的文学中，人们有时看到这种明显愚蠢的表达方式：崇尚友情（忠诚，英雄主义，缺乏性欲）。但是，由于只有仪礼的诱惑力才靠崇尚存在，因此，他更喜欢保留友情的细微仪礼：和一位朋友庆祝完成了一项任务，庆祝摆脱了一种苦恼。这种庆祝超出事件，为他增添了一种无益的额外内容、一种违犯常情的享乐。于是，这段文字便在其他文字之后像变魔术一样地成了某种赠言（1974年9月3日）。

必须尽力把友情说成是一种纯粹的场域，这可以使我摆脱情感性范围——情感性不能毫无顾忌地说出，因为它属于想象物（或者更准确地讲，我局促不安地想确认想象物近在咫尺，伸手可得）。

67

特权关系

他不曾寻求排他的关系（占有，嫉妒，争吵），他也不曾寻求普遍的关系即共同的关系；他所向往的关系，每一次都是一种享受特权的关系，这种关系带有明显的区别性，表现为某种完全特殊的情感变化状态，就像带有无与伦比的尖细声的一种嗓音的变化那样。对于作为反常之物的这种特权关系，他看不到有什么东西可阻碍其扩大。总之，只有特权存在。于是，友情范围中有许多对立关系（为此要浪费许多时间：看朋友时，必须一个一个地去看；抵制入伙、抵制入帮、抵制联欢盛会）。他所寻求的，是一种不相等而又非不同的多元关系。

超越之超越

性关系在政治上的解放：这是一种双重的超越，是性对于政治的超越，也是相互之间的超越。但是，这并不重要。现在，让我们想象在如此被发现、被承认、被浏览和被解放的性政治领域里再重新引入一点点温情：这难道不是最后的超越吗？这难道不是超越之超越吗？因为最终还是情爱。它会回来的，但占据另一个位置。

第二等级与其他

我在写——这便是言语活动的第一等级。随后，我写我在写——这便是第二等级。（帕斯卡尔已经说过："遁逝的思想，我想把它写出来；我宁愿写出来，而不想让它从我这里遁逝。"）

今天，我们对于这第二等级消费量很大。我们知识分子工作的一个重要部分，就在于对无论什么样的语句都提出猜疑，同时揭示其所有等级的划分。这种划分是没有穷尽的。而向每一个词开放的这种深渊、言语活动的这种疯狂，我们科学地称之为：陈述活动（énonciation）（首先，我们是因为一种策略上的原因才打开这个深渊的，即打掉我们的陈述之自负和我们的科学之傲气）。

　　第二等级还是一种生活方式。只需将一种意图、一个场面、一个躯体的级别撤后一点，就可以完全推翻我们对此可能有的兴趣和我们有可能给它的意义。第二等级有着一些色情和美（例如拙劣的文艺作品）。我们甚至可以变成第二等级的狂热爱好者。不接受外延、不接受自发性、不接受喋喋不休、不接受平淡无奇和天真的重复，只容忍一些表现出——哪怕是轻微地表现出——一种偏离能力的言语活动：滑稽模仿、意义含混、改头换面的引用。言语活动一旦思考，就变成破坏性的。然而，有一个条件：它要永远不停地这样做。因为，如果我停留在第二等级上，我就会受到智力至上论的指责（例如佛教向任何简单的自省性发出的指责）；但是如果我去掉（理智、科学、道德的）级别，如果我使陈述活动自由进行，我就打开了无休止的贬低之路，我就消除了对于言语活动的心安理得。

　　任何话语都处于等级游戏之中。我们可以把这种游戏称之为：阈学（bathmologie）①。一个新词不属于多余，如果我们由此可以想到一种新的科学观念——言语活动划分的科学——的话。这种科学将是前所未闻的，因为它将动摇表达、阅读和听的

68

————————————

　　① 该词为罗兰·巴尔特自己杜撰，"bathmo"表示"阈"，"logie"表示"学科"。——译者注

习惯要求（"真实"，"现实"，"忠实"），它的原理
将是一种震撼。就像我们跳过一个台阶一样，它将
跨越任何表达方式。

外延作为言语活动的真实

在法莱兹的药店里，布瓦尔和佩居榭①把枣泥
放进水里："枣泥呈一种带皮猪膘状，像是明胶。"

外延是一种科学神话，即言语活动的一种"真
实"状态的神话，就像任何句子自身都有一个词源
词（起源与真实）。外延与内涵这两种概念只有在真
实领域才有价值。每当我需要认识一个信息（即需
要揭示一个信息）的时候，我就把它置于某个外在
的阶段上，把它简约为一种不好看的带皮猪肉，这
种肉就构成这种信息的真实替代物。因此，对立关系
只有在与化学分析的一种试验相似的批评过程范围内
才是有用的：每当我相信真实，我就需要外延。

他的噪音

（这里说的不是哪个人的噪音——可不能这么
说——恰恰是人的噪音：问题在于、永远在于是某

----

① 布瓦尔（Bouvard）、佩居榭（Pécuchet）：福楼拜 1881 年写作但未能完成的小说
《布瓦尔与佩居榭》中的两个人物。福楼拜赋予他们一胖一瘦的形象，他们在继承了一大
笔遗产之后，潜心于研究和分析每一门学问。——译者注

个人的嗓音。)

　　我逐渐地寻求描绘他的嗓音。我试图用形容词
来探索一下：灵敏的？脆弱的？青春的？有一点嘶
哑的？不是，不正好是这样，而更可以说是超文化
的（sur-cultivé），这个词具有一点英国式的回味。
而前面的嗓音是不是短促了？是的，如果我需要展
开的话。在这种短促之中，他展开的不是一个得到
恢复和得到显示的躯体的扭曲状态（怪象），相反，
是无言语活动的并提供了失语症威胁的主体的无力
挽回的堕落，而他则在这种失语症下挣扎。与前面
的情况相反，这是一种无修辞的嗓音（但并非不温
柔）。对于所有这些嗓音，应该发明很好的隐喻，
即那种一旦与之相遇就会使你永远占有的隐喻。但
是，我找不到这样的隐喻，因为我的来自文化的词
语与我在我的耳边短暂地回想起的这种古怪的存在
（它仅仅是有声响的吗？）之间的断裂是很大的。

　　这种无力来自于这一点：嗓音总是已经死的，
而我们称其是活的，是出于绝望的否定；对于这种
无法挽救的损失，我们给它冠以转调的名称。转
调，即总是过时的、缄默的嗓音。

　　由此，需要理解描写（description）是什么：
它致力于恢复对象的必然要消失的特征，同时假装
（借助于颠倒的幻象）相信这种特征，并希望这种
特征是有生命力的。"使其活着"即意味着"看着
死亡"。形容词是这种幻象的工具；不管怎么说，

69

由于形容词只具有描写品质，所以它是悲伤的。

突出显示

　　突出显示是古典艺术的基本手法。画家"突出显示"一个特征、一个阴影，必要时又把它们放大、倒立并搞成一幅作品。即使作品是单调的、无意蕴的或是自然的（杜尚①的一个物体，一幅单色画），不论人们是否愿意，由于作品总是脱离一种躯体的环境（一堵墙，一条街），所以它注定还是被当作作品来认可。在这一点上，艺术是与社会科学、文献科学、政治科学相对立的，因为这些科学不停地纳入其已经区分的东西（这些科学仅仅是为了纳入才进行区分）。因此，艺术永远不是妄想狂的，但它却总是反常的、盲目崇拜的。

辩证法

　　一切都似乎表明，他的话语依据带有两个对立面的辩证法在运行：通常的舆论及其对立面，公众舆论及其悖论，俗套及革新，疲乏与清新，爱好与厌恶，我喜欢与我不喜欢。这种二元辩证法，是（标志的与非标志的）意义的辩证法，是弗洛伊德式游戏的

---

① 杜尚（Marcel Duchamp，1987—1968），法国画家与诗人。——译者注

（向前的与滞后的）辩证法。这是一种价值辩证法。

　　然而，这是真的吗？在他身上，还有一种辩证法在形成、在尽力显示。在他看来，两项的矛盾正通过发现第三项而消失，这第三项不属于综合，而属于启动（départ）：任何事物都在返归，但却是以虚构的形式返归，即以螺旋的新的回环形式返归。

70

多元，区别，冲突

　　他经常求助于一种哲学，这种哲学模糊地被称为多元论（pluralisme）。

　　这种对于多元的要求，谁知道不是一种否认性别二元性的方式呢？性别的对立不应该是一种自然法则，因此，应该解除所有的对峙和聚合体，同时使意义和性别多元化。意义走向它的繁衍与分散（在文本理论中），而性别将不在任何类型学中被列入（例如，将只有一些同性恋，其多元性将破坏任何构成性的、集中的话语，直至这种多元性在他看来几乎没有必要再去谈论）。

　　同样，区别（différence），作为无处不在和备受称赞的词，尤其有价值，因为它免除和战胜冲突。冲突具有性的特征、语义的特征；区别是多元的、色欲的和文本性的。意义和性别是构筑和组成的原理；区别甚至是一种飞扬、一种扩散和一种闪光的姿态。问题已经不在于在对世界和主体的阅读中重新找到对立关系，而在于找到一些溢出部分、侵入部分、丢失部分、转义部分、位移部分、偏离部分。

按照弗洛伊德的说法［《摩西与一神论》（*Moïse et le monothéisme*）］，有一点区别，就会导致种族主义。但是，区别一多，则不可挽回地脱离种族主义。实行平等，实行民主，搞大众化，这些努力都做不到排除"最小的区别"，这种区别是种族偏执的萌芽。应该做的，是不停地使事物多元化、细致化。

分解的嗜好

嗜好分解：碎块、微型、年轮、高度的精确性（一如波德莱尔说过的印度大麻所引起的效果）、田野风光、窗户、日本俳句、特征、写作、片断、照片、意大利式剧场，总之，可供选择的，包括语义学家的全部发音单位和拜物教教徒的全部物件。这种嗜好是逐渐公开的：所有上升阶级的艺术都借助于框入来进行（布莱希特、狄德罗①、爱森斯坦②）。

弹钢琴，指法……

弹钢琴的时候，"指法"丝毫不说明一种优美

① 狄德罗（Denis Diderot，1713—1784），法国哲学家、作家。——译者注
② 爱森斯坦（Sergei Mikhaïlovich Eisenstein，1896—1948），苏联著名电影导演。——译者注

和纤巧的价值（这就是所说的"触键法"），而仅仅说明需要弹奏这个或那个音符的手指的一种编号方式。指法以一种经过思考的方式在建立将变成自动性的东西。总之，它是一种机器的程序，是一种动物性的记入。然而，如果我弹得不好——属于纯粹肌肉问题的缺乏弹奏速度的情况除外，那是因为我从不坚持写定的指法。每一次演奏，无论是好是坏，我都临时安排我的手指的位置，而从此，我就永远无错不演奏。其道理显然是我希望获得一种直接的享乐，并拒绝矫正方面的烦恼，因为矫正妨碍享乐——为了获得一种更大的后来的享乐，可以说这确实是真的（就像众神对俄耳甫斯①说的那样，人们对弹钢琴的人说：不要过早地考虑您的演奏的效果）。在人们尽管想象但从来不能真正达到的声乐完美状态之中，乐章的演奏就像是一段幻觉。我高兴地服从于幻觉的命令："直接地！"哪怕付出蒙受重大现实损失的代价。

不佳的对象

多格扎（舆论），虽然他在他的话语中经常使用，但它只不过是一种"不佳的对象"。它没有任何依据内容而只有依据形式来确定的定义，这个不佳

---

① 俄耳甫斯（Orphée），古希腊神话中会唱歌、会做诗、会弹竖琴的神。——译者注

的形式，无疑是：<u>重复</u>。——但是，被重复的东西
不是有时是好的吗？主题（thème），作为一个很好
的批评对象，不恰恰是某种被重复的东西吗？——
如果是来自躯体，那种重复就是好的。多格扎是一种
不佳的对象，因为它是一种死去的重复，它不来自人
的躯体，或者也可以准确地说，是来自死人的躯体。

多格扎与反多格扎

反应性训练：一个多格扎（一般的舆论）出现
了，但是无法接受；为了摆脱它，我假设一种悖
论；随后，这种悖论开始得以确立，它自己也变成
了新的成形之物、新的多格扎，而我又需要走向一
个新的悖论。

我们重新来进行一下这个过程。在作品初创之
时，各种社会关系是模糊的，自然本性也是假的。
因此，首次的行动是破释神秘（《神话学》）。随后，
破释活动在重复之中静止下来，需要移动的正是这
种破释活动。（这时假设的）符号科学试图撼动、
复活、装备这一举动即神话姿态，同时赋予它一种
方法，这种科学自己便操持整个的想象物。继一种
符号学愿望之后，便出现了关于符号学家的科学
（通常是痛苦的），因此，应该摆脱它，应该在这种
理智的想象物中引入欲望的种子，引入对于躯体的
要求：这便是文本和文本的理论。但是，文本几乎

又要冒着僵化不变的危险。于是，它重复，它变成
模糊文本，这是一种阅读要求的见证，而非一种讨
人喜欢的欲望的见证：文本趋向于变成喋喋不休的
废话。何去何从呢？我只能说到这儿。

分散性

　　一个被工作搞得厌烦、心悸或困惑的人的消遣
权力，是太大了。由于在农村工作（干什么呢？
哎，是审阅自己的文章），这便是我每隔五分钟想
出来的消遣内容：喷杀一只苍蝇，剪一剪指甲，吃
一颗杏，去小便，查看一下自来水是否还是带泥的
（今天出现了供水故障），去药房买药，去花园看一
看树上又熟了多少油桃，阅读广播报，做一个小装
置来固定我的故纸堆，等等。我在疏浚。
　　（疏浚，属于傅立叶称之为变异、替换和分散
性的激情。）

意义含混

　　"智慧"一词可以指一种智力活动能力或一种
共谋能力（在……方面具有智慧）；一般说来，上
下文关系迫使人在两个意义中选取一个而忘记另一
个。每当罗兰·巴尔特遇到具有双重意义的词汇的
时候，他却保留该词的两个意义，就好像两个意义

中的一个对另一个眨眼睛，而该词的意义就存在于这种眨眼之中。因为这种眨眼动作使得同一个词在同一个句子中可以同时说明两种不同的事物，并使得我们从语义学上讲可以通过一个来享有另一个。因此，这些词都会被"珍贵而模糊地"重复地说出。这不是由于词汇的本质就是这样的（因为词汇中的任何一个词都具有多种意义），而是因为，多亏了一种机会，即一种不是语言的而是话语的很好的安排机会，我得以使它们的含混性现时化，得以说出"智慧"，同时装作主要参照智力意义但又让人听到"共谋"意义的样子。

含混情况数量（非正常地）非常之多：Absence（既指人不在又指精神分散），Alibi（既指在另外的地方又指警察所要求的不在现场的证明），Aliénation（"一个很好的词，既指社会的又指精神的"，异化），Alimenter（既指供给大盆食物又指使会话继续下去），Brulé（既指被火烧伤又指被揭露），Cause（既指引发事情的原因又指人们拥有的事业），Citer（既指传讯证人又指引用他人作品），Comprendre（既指包容又指智力上的理解），Contenance（既指可充满的容量又指所保持的姿态），Crudité（既指食物的夹生又指性的不成熟），Développer（既具有修辞意义又具有自行车方面的

73

意义①)，Discret（既指不连续又指谨慎克制），
Exemple（既指语法举例又指放荡举例），Exprimer
（既指榨汁又指表达心声），Fiché（既指固定住又
指在治安方面的登记入卡），Fin（既指极限又指目
的），Fonction（既指函数关系又指用途），
Fraîcheur（既指温度凉爽又指新鲜），Frappe（既
指印记又指无赖），Indifférence（既指缺乏激情又
指缺乏区别），Jeu（既指游戏活动又指机器中的零
件运动），Partir（既指离开又指吸毒），Pollution
（既指污染又指手淫），Posséder（既指具有又指控
制），Propriété（既指拥有财富又指用词），Ques-
tionner（既指提问又指使人忍受处罚），Scène（既
指戏剧场景又指夫妻吵架），Sens（既指方向又指
意指），Sujet（既指动作的主语又指话语的对象），
Subtiliser（既指变得细腻又指偷窃），Trait（既指
图表线条又指语言学特征），Voix（既指作为身体
器官的嗓子又指作为语法的语态），等等。

在引起双重注意方面，诸如 addâd 这样的阿拉
伯词语，其每个单词都具有绝对相反的意义［《精
神与文字》（*Esprit et la lettre*，1970）］。希腊悲剧
就是一种可以双重理解的东西，在这种悲剧里，
"观众所听到的，总是比每个人物为自己或为其伙
伴所说的东西多得多"［《作者的死亡》（La mort de

---

① 指自行车车轮的中轴转动一圈可走出的距离。——译者注

l'auteur)，1968]。这类似于福楼拜（受其风格的
"错误"之折磨）和索绪尔（着迷于对古代诗句的
非语法的理解）在听觉方面的幻觉。最后，是这种
情况：与人们所期待的情况相反，被赞扬、被寻找
的，并不是多义性（意义的多样性），恰恰是含混
性、双重性；幻觉不在于听到一切（不论什么），
而在于听到别的东西（在这一点上，我比我所捍卫
的有关文本的理论更传统）。

侧斜着

　　一方面，他对于重大的认知对象（电影、言
语活动、社会）所说的东西从来都是记不住的。
论述（关于某种东西的文章）就像一大块废料。
相关性，尽管微不足道，（如果找到）也只侧斜着
进入空白处，进入插入句和括号之中。这是主体
的画外音。

　　另一方面，他从不明确地说明（从不确定）在
他看来是最需要的而且是他一直在使用的那些概念
（即那些总是归入一个词的概念）。多格扎一词在不
停地被引用，但是从未得到确定。对于多格扎他没
有写过任何一篇东西。文本从来都只是在隐喻方面
得到了探讨：这是肠卜僧的领域，这是一个台阶、
一个多面体、一种助饮剂、一种日本的调味剂、一
种装饰性的不协调音乐、一种饰带、一种瓦朗西安

妇女织作的花边、一条摩洛哥的干河、一个出故障
的电视荧屏、一个用黄油隔成多层的面团，一个洋
葱头，等等。而当他写作"关于"文本的论文时
（为了一种百科全书），他不否认（他从不否认：以
何种现在时的名义呢？），那便是一种认知任务，而
不是一种写作任务。

回音室　74

　　相对于围绕着他的各种系统来说，他是什么
呢？他更像是一个回音室：他不大会表述思想，他
只跟随着词语；他造访也就是说敬待词汇，他援引
概念，以一个名词的形式来重复那些概念；他使用
一个名词就像使用一个标记（以此来从事一种哲学
上的表意文字学），而这个标记又不让他深入探讨
他就是其能指的系统（该标记只是向他示意）。"移
情"一词虽然来自精神分析学，并且似乎就停留在
了精神分析学上，但该词愉快地离开了俄狄浦斯情
境。"想象物"（imaginaire）作为拉康①的一个用
语，扩展到了古典的"自尊心"的边缘。"自欺"
（mauvaise foi）脱离了萨特的系统，以便与神话批
评接轨。"资产阶级"已接受整个马克思主义的任
务，但不停地趋向于美学和伦理学。如此，无疑，

---

① 拉康（Jacques Lacan，1901—1980），法国结构主义精神分析学家。——译者注

词语在被移动，系统在沟通，现代性在被试用（就像我们为了了解一台收音机的操作而试开其所有的按钮那样），但是被如此创立的关联文本则是严格地表面性的。人们自由地赞同：（哲学的、精神分析学的、政治学的、科学的）名词与其起源系统保持着一种没有被割断、依然牢固和浮动的联系。这种情况的道理大概就是，人们不能同时深入探讨和希求一个词——在他看来，对词语的希求压倒一切，但是，构成这种希求中的快乐的，是一种学说上的震动。

写作从风格开始

对于深受夏多布里昂崇尚并冠之以错格名称（anacoluthe）的连词省略（asyndète）（《新文学批评论文集》，113 页），他有时也试图去做一做：在牛奶和耶稣会教士们之间可以发现什么关系呢？这种关系便是："……出色的耶稣会教士万·吉纳坎（Van Ginneken）在写作与言语活动之间安排的那些乳质音位"（《文本的快乐》，12 页）。也还有数不尽的（故意的、建构性的、有所约束的）对比情况和人们可以从中获得一个完整系统的文字游戏（快乐：不稳定的／享乐：早来的）。总之，从风格一词的最古老意义上讲，一项有关风格的工作是可以有数不尽的途径的。然而，这种风格服务于歌颂一卡片。

在床上……

……在外边……

把卡片顺序倒过来：

卡片属于博学，它跟随着
冲动的各种变化而变化。

……或者在办公桌
前……

种新的价值即写作，因为写作是风格向着言语活动
和主体的其他地域的扩展，它远离一种过时的文学
规则（一种被禁止使用的类别的过期的规则）。这
种矛盾也许可以这样得以解释和辩解：他的写作方
式是在对于随笔的写作有意通过综合政治愿望、哲
学概念和真实的修辞形式（萨特的作品中充满修辞
形式）的时刻形成的。但是，风格在某种程度上尤
其是写作的开始：它甚至是在自愿应对严重的被收
回的风险的情况下，小心翼翼地启动着能指的
统治。

76 空想有何用

空想有何用？就是用来生产意义。面对现在
时，面对我的现在时，空想是可以使符号开放的第
二时期：有关真实的话语变得可能，我摆脱了失语
症，在这种失语症中，所有不适合于我的东西的失
调都使我深陷在属于我自己的世界里。

空想对于作家来说是亲密无间的，因为作家是
意义的提供者：他的任务（他的享乐）就在于提供
意义、名称，并且只有在存在着聚合体、是或不的
松动关系、两种价值的交替关系的时候，他才能提
供意义。在他看来，世界是一枚奖章、一枚硬币，
是阅读的两个表面，他自己的现实占据着反面，而
空想则占据正面。例如，文本是一种空想。在人们

声称不可能的时候，它的语义功能在于使现在时的
文学、艺术、言语活动具有意蕴。从前，人们是用
过去时来解释文学的；今天，就要用其空想来解
释。意义是依据价值来建立的，空想可以建立这种
新的语义学。

革命的写作物总是很少和并不出色地再现革命
的日常合目的性，总是很少和并不出色地再现革命
所理解的我们明天将赖以生存的方式。这或许是因
为这种再现几乎会冲淡或贬低现时的斗争之故；或
许更准确地讲，是因为政治理论只考虑建立人类问
题的真实自由而不对其问题作任何的形象预示。这
样一来，空想就将是革命的禁忌，而作家则负责违
犯这种禁忌。只有他敢于进行这种再现。他就像一
位牧师，承担着末世话语；他关闭伦理圈，同时通
过对于各种价值的一种最终看法来答复最初的革命
选择（这便是人们使自己成为革命者的原因）。

在《写作的零度》（*le Degré zéro de l'écriture*）
中，（政治的）空想具有一种社会普遍性的（天真
的?）形式，就好像空想只能是现时弊病的严格的
反面，就好像可以答复分裂的后来还只能是不分
裂。但是从此以后，一种多元哲学便出现了——尽
管它还很模糊且充满困难。这种哲学反对整体化，
而趋向于区别，总之是傅立叶主义的。那么，（一
直保持着的）空想就在于想象一种被无限地分割成
块的社会，其分裂虽然不会再是社会的了，然而却

也不会再是冲突性的了。

作家作为幻觉

        大概，已经没有一个青少年还存有这样的幻觉：当作家！那种在世人之中散步时口袋里装着一个小本子、脑袋里想着一个句子的方式（就像我看见的纪德[①]从俄罗斯一直跑到刚果时的样子，他一路上阅读他喜爱的古典作品，一路上在火车餐厅里一边等待饭菜一边写作；也像我 1939 年在吕戴迪亚酒馆里看到的他的样子，一边吃梨一边在读书），还有哪位当代人想去模仿这种实践和姿态而不是去模仿其作品呢？因为幻觉所要求的，是人们在其私人日记中可能看到的作家，是作家减去其作品——神圣事物的最高形式，即标志和真空。

新的主体，新的科学

        他感觉到，他与任何所写之物都是有关系的，因为所写之物的原理是：主体仅仅是言语活动的一种效果。他在想象一种领域宽阔的科学，而作家最终就包含在这种科学的陈述活动之中——这种科学

---

   ①   纪德（André Gide；1869—1951），法国作家。——译者注

便是关于言语活动效果的科学。

亲爱的艾丽丝，是你吗？……

省略号"……"根本不意味着我确切知道走来的那个人的不确定身份。我向其提出一个非常特别的问题："是她吗？"相反，这句话却意味着：您可看到、您可听到那个正向前走来的人，名叫——或更恰当地说，将名叫——艾丽丝，我跟她很熟，您可以相信我与她有着很好的关系。而且还可以这样说：由于被固定于陈述的形式本身，所以对所有的情况有一种模糊的记忆，而在这种记忆里，有个人说过："是你吗？"除此之外，还有盲目的主体在询问一位来者（如果不是你，那该多么扫兴——或者多么的释怀），等等。

语言学应该负责信息还是负责言语活动呢？也就是说，在这种情况下，它应该像人们获得意义那样负责意义吗？如何称呼这种真实的语言学即内涵语言学呢？

他曾经这样写道："文本是（应该是）这种从容自然的人，他把自己的后面指给政治老人。"（《文本的快乐》，84 页）一位批评家出于羞耻感，假装相信"后面"是代替"屁股"的。他把内涵变成什么了呢？一个善良的小魔鬼是不把自己的屁股

亮给麦克米什夫人①的，他把他的后面亮给她；很
需要这个儿童用语，因为这里说到了老人。因此，
真正地阅读，即进入内涵。位置对调：实证的语言
学在负责外延的意义的同时，也在谈论一种未必有
的、非真实的、模糊的意义，因为外延的意义已经
用尽。这种语言学轻蔑地指一种幻想语言学，指那
种明确的意义、光芒四射的意义、正在自我陈述的
主体的意义（是明确的意义吗？是的，是光亮的意
义，就像在梦中一样。在梦中，我敏感地感受到对
于一种局面的忧郁、填补和欺骗，这远比发生的故
事强烈得多）。

78　简洁

有个人问他："您曾经写道，写作通过躯体进
行。您能给我解释一下吗？"

于是，他发现有许多在他看来是非常明确的陈
述对于不少人来讲却是模糊的。然而，句子并不是
过于奇特的，而是简洁的。是简洁在不被人忍受。
也许，还要加上一种并不明确的阻力：公众舆论
对于躯体有一种简单的观念，似乎总是将躯体作
为与心灵对立的东西，躯体的任何带点换喻的引

---

①　麦克米什夫人：麦克（Mac）是苏格兰人的姓，米什（Miche）在法语中引申指
"肥胖"之意，因此，似乎可以把"麦克米什夫人"理解为"苏格兰式胖夫人"之
意。——译者注

申都是禁忌。

简洁，作为不太被人了解的修辞形式，由于它表现言语活动的可怕的自由性，而这种自由性在一定程度上又没有必需的节制，所以，容易把人搞乱。言语活动的模量完全是人为的，是纯粹被人习得的。与拉·封丹寓言中的诸多简洁相比（试想，在知了的歌声与其贫乏之间，有多少没有写出来的可替换的词），我更惊讶于在一件普通的家电里把电流与制冷结合在一起的有形的简洁，因为这些捷径位于一种纯粹操作的领域之中，即学校中的学习与烹饪的领域之中。可是，文本并不是操作性的，对于他所建议的逻辑转换，不存在先例。

标志，插科打诨之事

《歌剧院的一夜》[①] 是个真正的文本宝库。为了进行一些批评演示，如果我需要闪现着荒诞文本之疯狂机械力的一种譬喻，影片就会为我提供：邮船的驾驶舱，撕碎的合同，装饰物的最终的嘈杂声，这些情节中的每一个（不考虑别的）都是受文本操作的逻辑性破坏的标志。而且，这些标志之所以是

---

① 《歌剧院的一夜》(Une nuit à l'Opéra，英文：A night at the Opera)，美国荒诞影片 (1935 年)，讲的是一对歌唱家夫妇为了出人头地而抵制歌剧演出的故事。导演萨姆·伍德 (Sam Wood)。——译者注

完美的，最终因为它们是喜剧性的——既然笑是
最后解放文本的演示性属性的演示活动。使隐喻、
象征、标志得以解放的东西，使它们的破坏能力
得以表现的东西，便是荒唐可笑之物，即傅立叶
不顾任何修辞相宜性而在其范例中使用的那种
"轻率性"（《萨德·傅立叶·罗犹拉》，97 页）。
因此，隐喻的符合逻辑的未来变化，可能会是插
科打诨之事。

传播者的社会

我生活在一个传播者（我也是其中一个）的社
会里。我遇到的或者给我写信的每个人都送给我一
本书、一篇文章、一个总结报告、一份说明书、一
份抗议书、一张去看节目或是看展览的邀请函，等
等。写作之享乐、生产之享乐，从各个方面涌动。
但是，由于流通是商业性的，所以，自由化的生产
就变得非常之多，非常狂妄，简直到了疯狂的程
度。在多数时间里，文本、节目，都是去人们并不
需要它们的地方；它们的不幸，在于它们要遇到一
些"关系，而不是一些朋友，更不是一些合作者；
这就使得写作这种集体射精活动——人们可以在这
种活动中看到对于一个自由社会的空想场面"（在
这个社会中，享乐的巡回不需经过金钱）——在今
天转向末世景象。

79

时间安排

"在假期当中，我七点起床，下楼，打开家门，沏茶，为等在花园里的鸟儿们撕碎面包，洗脸，擦掉办公桌上的灰尘，倒掉烟灰缸里的烟灰，剪下一枝玫瑰，收听七点半的新闻广播。八点，我的母亲走下楼来，我与她分吃两个煮鸡蛋、一个烤圆面包，喝不加糖的浓黑咖啡。八点一刻，我去镇上买《西南日报》(le Sud-Ouest)。我会对 C 夫人说：天气很好，天气灰蒙蒙的，等等。然后，我开始工作。九点半，邮递员送来信件（今天早晨天气沉闷，今天天气多好啊，等等）。再过一会儿，面包店女老板的女儿会开着装满面包的小卡车走过（她上过学，不必谈论天气问题）。在正好十点半的时候，我去煮浓黑的咖啡，点燃我一天中的第一支雪茄。中午一点钟的时候，我们用午餐。一点半到两点半，我午睡。随后，便是我犹豫不定的时刻：不大想工作。有时，我画一会儿画，或者去药店女老板那里买些阿斯匹林，或者到花园最深处去烧掉一些废纸，或者为自己做一个斜面阅书架、唱片架、卡片盒。到了四点钟时，我重新工作。五点一刻，喝茶。大约七点钟时，我停止工作，去花园浇水（如果天气很好），随后弹钢琴。晚饭后，看电视，如果这天晚上的电视节目太没意思，我就重新回到办公桌前，一边听音乐一边整理卡片。十点钟上床，然后拿起两本书多少读一点。一本是非常文学性的书籍（拉马丁①的《隐私》，龚古尔②的《日记》，等等），另一本则是侦探小说（更应该说是旧的侦探小说）或是（过时的）英国小说，又或是左拉③的小说。"

——这一切都没有什么意思。更有甚者：您不仅标志您的阶级所属，而且您会将这种标志变成一种文学隐私，其无益性已经不再为人所接受。您从幻觉出发把自己组构成"作家"，或者更坏的是：您在组构自己。

80　私生活

实际上，正是在我泄露我的私生活的时候，我才暴露得最充分：不是冒着暴露"丑闻"的风险，而是因为我在我的想象物的最强的稳定性之中介绍想象物。想象物，这正是其他人在捉人游戏中追捉的东西，躯体摔倒或是脱离游戏圈，都不能给其以保护。可是，"私生活"也因人们依靠的多格扎不同而发生变化。如果是右派的多格扎（即资产阶级

---

① 拉马丁（Alphonse de Lamartine，1790—1869），法国浪漫主义派诗人和政治家。——译者注

② 龚古尔兄弟（Edmond Goncourt，1822—1896；Jules Goncourt，1830—1870），法国自然主义派作家，他们合作出版过几部小说，而《日记》（le Journal）则是他们的代表作。——译者注

③ 左拉（Emile Zola，1840—1902），法国自然主义派小说家。——译者注

的或小资产阶级的多格扎：制度、法律、报纸），
那么性的私生活暴露得最多。但如果是左派的多格
扎，性的暴露就不违犯任何东西。在这里，"私生
活"，即是那些无益的实践，即是主体将其变成隐
私的属于资产阶级意识形态的那些痕迹。如果我转
向这种多格扎，那么，我在公布一种反常心理的时
候就比我在陈述一种追求的时候暴露得少：激情、
友谊、温柔、情感、写作的快乐，都通过简单的结
构位移而变成了难以描述的词语。与可能说出的、
与人们期待您说出的相反，您希望可以直接地说出
（无需思考）——而这正是想象物的声音。

实际上……

您认为兰开夏式摔跤①的最终目的就是赢吗？
不，其目的是理解。您认为与生活相比，戏剧就是
虚构的、理想的吗？不，在阿尔古尔②摄影棚的摄
影艺术里，布景是粗俗的，城市是想象的。雅典不
是一座神秘的城市，她应该用现实的词语来描述，
而不应与人道主义的话语有关系（《在希腊》，
1944）。火星人呢？他们并不用于把别人（怪人）
搬上舞台，而是把同一个人搬上舞台。强盗片并不

---

① 一种自由式摔跤。——译者注
② 这里当是位于巴黎第八区让·古戎（Jean-Goujon）街的摄影棚，因为那里的布
景都取自于周围环境的审美效果。——译者注

像人们相信的那样使人激动，而是使人增长知识。
凡尔纳①是旅行作家吗？根本不是，他是封闭式作
家。星象学不是预言性的，而是描述性的（它非常
现实地描述社会条件）。拉辛的戏剧并非是爱情戏
剧，而是权威关系戏剧，等等。

悖论的这些外在形象是难以尽数的；它们有其
逻辑的操作者，即这个表达方式："实际上"，脱衣
舞并不是一种色情教唆，实际上，脱衣舞在使女人
失去性别，等等。

情欲与戏剧

戏剧（剪接的场景）甚至是美丽之场所，也就
是说是被注视的、被照亮的情欲场所（通过心理和
灯光）。只需有某个次要的、情节性人物表现出某
种想要获得这种场所的动因（这种动因可以是反常
的，不需与美有什么关系，但是却与躯体的某个部
位、与嗓音的尖细、与呼吸的方式、与某种拙笨行
为有关），就可以使整个演出得到挽救。戏剧的色
情功能并不是辅助性的，因为在所有的形象性艺术
（电影、绘画）中，唯有戏剧提供躯体，而不是它
们的表象。戏剧中的躯体既是无关紧要的又是基本
的：说其是基本的，是因为您不能占有它（它通过

81

---

① 凡尔纳（Jules Verne, 1828—1905），法国科学幻想小说作家。——译者注

怀恋欲望的魅力而受到赞扬）；说其是无关紧要的，是因为您可以做得到，因为您只需在某个时刻变得疯狂（这是您的权力范围），就可以跳到台上，并触摸您想摸的东西。相反，电影却通过一种本质的必然性排除任何向着行为的过渡：在此，意象是被再现的躯体的无法补救的缺位形象。

（电影似乎很像这样的一些躯体，它们在夏天穿着敞怀的衬衣，它们和电影都在说：请看，但不要触摸。严格地讲，躯体和电影都是假的。）

审美话语

他尽力保持一种不靠法律、不靠暴力来表达的话语；它的内容既不是政治的，也不是宗教的，更不是科学的；在某种程度上讲，它是所有这些陈述的剩余物和补加。我们将如何来称谓这种话语呢？无疑，它是色情的，因为它与享乐有关系；或者也许更可以说它是审美的——如果人们考虑逐渐地使这种古老的范畴承受变化的话，因为这种变化将使这种范畴远离其倒退的唯心主义内容，并使之接近于躯体、接近于偏移物。

人种学意图

米什莱的作品中使他感兴趣的内容，是有关法国的一种人种学建立的内容，是历史地——也就是说相对地——对于被誉为最自然的对象的提问意志和提问艺术。这些对象即为面孔、食物、服饰、性格。另一方面，拉辛的悲剧中的众人，萨德小说中的众人都是作为部落、封闭的种族来描述的，其结构应该得到研究。在《神话学》一书中，是法兰西自身得到了民族志方面的研究。此外，他一直喜欢那些重大的浪漫的宇宙演化论作品（巴尔扎克、左拉、普鲁斯特），因为它们很接近小型社会。原因是，人种学书籍具有被喜爱的书籍的所有能力：它是一种百科全书，记录着整个现实——即便是无益的和最色情的现实，并为其分类；这种百科全书在把他者①简约为同一个的时候并不歪曲它；占有欲在减弱，对自我的确定在减轻；最后，在所有的高深的话语中，民族志话语在他看来就像最贴近虚构的话语。

82　词源

　　当他写失望（déception）的时候，就意味着贬低（déprise）；异议（abject）即意味着拒绝（re-

---

　　①　他者（Autre）：精神分析学术语。拉康认为，在"镜像阶段"中，儿童在镜子里看到了自身的"另一个"（autre），但儿童的"自我"是借助这"另一个"并通过想象形成的。正在这一过程中，处在身旁的母亲的作用是很大的。拉康以这一概念概括了荣格有关父母（尤其是父亲）留在幼儿潜意识之中，且后来引导儿童行为和支配其理解别人的一种意象。——译者注

色：与冲动相反）。一种温和的、后果不严重的、被社会所允许的不相容状况，以一种细腻而又持续的习惯标志着青年时代的生活：他在自我调节，他在继续前进。

观念的动作

（例如）被拉康分析过的主体丝毫不会使他想到东京这个城市，但是东京却使他想到拉康的主体。这种方式是经常的：他很少从观念出发来为自己发明一种意象；他从一种可感的对象开始，于是希望在其工作中遇到可为其发现一种抽象作用的可能性，这种抽象作用是在当时的智力文化中提取的。这样一来，哲学就只是特殊意象、观念虚构（他借用一些客体，而不借用一些推理）的一种储库。马拉美①曾经谈论过"观念的动作"：他首先发现了动作（躯体的表达），然后发现了观念（对于文化、对于关联文本的表达）。

渊源　94

在开始写作时可以——或者过去曾经可以——不从模仿别人开始吗？

---

① 马拉美（Stéphane Mallarmé，1842—1898），法国诗人，被称为"诗歌王子"。——译者注

必须用修辞格的历史来代替起源的历史。作品的起因，并不是第一种影响，而是第一种姿态：人们抄袭一个角色，然后通过一种换喻来抄袭一种艺术。在复制我很想成为的那个人的同时，我开始生产。这第一种愿望（我希望，我全力以赴）为一种神秘的幻觉系统奠定了基础，该系统一代又一代地继续存在，而且经常独立于所热爱的作者的作品。

他早期写的文章中有一篇（1942）是关于纪德的《日记》的，另一篇文章的写作（《在希腊》，1944）明显地是从《人间食粮》（*Les Nourritures terrestres*）模仿而来的。在他青年时期的读物中，纪德的作品占据了很重要的位置。他阅读关于阿尔萨斯和加斯科尼的书籍，这两人正好在一条对角线上，就像纪德从前阅读有关诺曼底和朗克多克的书籍一样。他作为新教徒，作为热爱"文学"和喜欢弹奏钢琴——当然还有其他爱好——的人，为什么不可以在这位作家身上重新认识自己和表达自己的愿望呢？纪德式的渊源（Abgrund），即纪德式的持久性，还在我的大脑中形成了一种顽固的麇集。纪德是我的原始语言，是我的原始起点（Ur-suppe），是我的文学饭汤。

对于各种算法的爱好

他从未做过真正的算法。有一个时期，他突然转向了一些不太艰难的形式化运算（这种爱好在他身上似乎已经过去）：简单的方程式、图表、公式表、树形图。说真的，这些外在形象没有任何用处。这是些不大复杂的玩意，有点像是人们用手绢做成的玩具。人们为自己而玩：左拉就是这样为自己制定一种普拉桑（Plassans）平面图①，以便为自己解释其小说的。他很清楚，这些图样无意以科学理由来安排话语。它们可以欺骗谁呢？然而，人们玩弄科学，人们采用粘贴的方式把科学放进绘画里。同样，与快乐有关的计算则被傅立叶放进了幻觉链中（因为那里有话语幻觉）。

如果我不曾读过……

如果我不曾阅读过黑格尔的作品，也不曾阅读过《克莱芙公主》②，列维-斯特劳斯的

---

① 普拉桑平面图：这里指左拉为写作《征服普拉桑》（*La Conquête de Plassans*，1874）而制定的平面图。——译者注

② 《克莱芙公主》（*La Princesse de Clève*），法国小说家拉·费耶特伯爵夫人（Marie-Madeleine Pioche de la Vergne，comtesse de La Fayette，1634—1693）1678 年的作品，被公认为分析性小说的典范。——译者注

《猫》①，《反-俄狄浦斯情结》（*L'Anti-OEdipe*），那该怎么办呢？——这最后一本我以前不曾读过，但是在我有时间阅读它之前别人经常对我说（也许这就是我不阅读它的原因），它以与另一本书相同的书名存在。它有它的智慧性、它的难忘性、它的动作方式。我们难道没有在任何文字之外来接受一个文本的自由吗？

96

（压抑：对于一位获得哲学学位的人，对于一位马克思主义者，对于一位研究巴塔伊的专家来讲，不曾阅读过黑格尔的作品应该说是一个过分的错误。而我呢？我的阅读作业从什么地方开始呢？）

搞写作的人可以轻松地同意减少或分散他的观念的尖锐性和责任性（必须冒险改变人们通常用来说出下列话的语调：对我有什么重要呢？难道我没有基本的东西吗？）。写作中，有对于某种惰性、对于某种精神方便性的乐趣，就像我在写作时比我说话时更不关心我个人的愚蠢行为那样（教授比作家要聪明多少倍呀）。

---

① 全名为《波德莱尔的〈猫〉》（*Les Chats de Baudelaire*），是列维-斯特劳斯与俄罗斯裔美国语言学家雅各布森（Roman Jakobson，1896—1982）合作完成的文章。——译者注

是修改吗？更可以说是使文本呈星状分散的快乐。

变异论与暴力

他不能解释他如何一方面（与其他人一起）可以支持一种关于变异论（因此也是关于断裂论）的文本理论，另一方面又不停地开始对暴力进行批评（确实，他从未发展这种批评并将其进行到底）。在人们有兴趣与偏移相安共处的情况下，如何与先锋派及其主张者同路呢？——除非，尽管付出某种后退的代价，恰恰值得去做，就像人们模糊地看到了分裂的一种新的风格那样。

孤独中的想象物

到现在为止，他始终无休止地在一种伟大的系统（马克思主义、萨特、布莱希特、符号学、文本）保护下工作。今天，他似乎更加勤奋地、无拘无束地写作；没有什么支持他，而只有一些过时的语言棱面（因为要说话，就必须很好地依据其他文本）。他这样说，无伴随独立宣言才有的那种自负，也无被迫承认孤独的那种悲观态势，却可以说是为了表白至今占据他的那种不安全感，也许更可以说是为了表白向着不足道的东西即"沉湎于自己"的那种古老的东西退行的一种模糊的痛苦。

"您是在表明谦卑；因此，您离不开想象的事物，离不开最坏的东西：那便是心理性的东西。确实，这样一来，借助于您未曾想到、可您想必会心满意足的一种大的变化，您在证实您的判断的正确：实际上，您在后退。"但是，我这样说的时候，我却又躲而避之……（梯形墙在继续延伸）

虚伪？

他在谈论一个文本的时候，他相信其作者没有照顾到读者。但是，他是在发现他自己在尽力关照读者，并且总之他从不放弃一种关于效果的艺术的时候，找到了这种恭维词的。

97

念头，就像是享乐

通常的舆论是不喜欢知识分子的言语活动的。因此，这种言语活动经常被指责为知识分子的行话。于是，他感觉到他成了某种种族主义的对象：人们在排斥他的言语活动，也就是说排斥他的躯体："你不像我那样说话，因此我排斥你。"米什莱自己（但是他的主题的广度在原谅他）也极力反对知识分子、誊写人、文人，并为他们限定了基础性别的范围：这种小资产阶级的观点因知识分子的言语活动而将其变成了无性别的人，也就是说非男性化的人。反知识分子论以申明男性的姿态出现；这样一来，对于知识分子来讲，就像一心想成为人们以知识分子为其定位的萨特的人物热内①那样，就只剩下确保人们从外部强加给他的言语活动了。

可是（这是任何社会指责所具有的经常性的恶意），在他看来，一种念头或者可以说一时的快感是什么呢？"抽象丝毫不与淫荡相背"（《神话学》，169页）。即便是在他的结构主义阶段（在这个阶段里，基本任务是描述人的心智），他也总是把知识分子的活动与一种享乐结合在一起。例如全景，即人们从埃菲尔铁塔上所能看到的全景，这种全景既是一种智力对象又是一种快乐对象：它解放躯体，甚至在其为他提供"理解"他的视野的幻觉的时刻。

不被赏识的观念

我们看到，一种批评观念（例如，命运是一种智力图画，它恰恰落在人们不期待它的地方）出现在一本书中（《论拉辛》），后来又出现在另一本书中（《S/Z》，181页）。因此，有一些观念会重新返回：这是因为他坚持这些观念（根据何种魅力呢？）。然而，这些珍贵的观念一般没有任何的反

① 这里指萨特就小说家让·热内（Jean Genet，1910—1986）的身世所写的著作《喜剧演员与殉道者圣热内》（*Saint Genet：Comédien et martyr*）一书中的人物。——译者注

响。简言之；正是在这里，我敢于鼓足勇气，直至我一个劲地重复，正是在这里，读者正好"放弃我"（我还要大放厥词：在这一点上，命运就是一种智力图画）。另一方面，我当时对于发表了（带着明显的对于评论的无知）"写作是为了被人喜欢"这样的话感到心满意足。有人告诉我，D先生认为这句话是愚蠢的，因为这句话只有当人们在第三个等级上消费它时才是可以忍受的。由于您意识到这句话首先是动人的，然后又是愚蠢的，那么，您最后就可以自由地认为它也许是正确的（D先生没有能够发展到这个地步）。

句子　98

句子被揭示为意识形态对象，并且是像享乐那样被产生的（这是片断的压缩精华）。这样，我们或者可以显示矛盾主题，或者从这种矛盾中推导出一种惊奇，甚至是一种批评回潮：作为第二次的错乱，如果有一种意识形态的享乐该多好啊！

意识形态与审美

意识形态：重复和稳定的东西（它通过这后一个动词而被排除在能指范围之外）。因此，意识形态（或反意识形态）分析只需重复和稳定（通过一

个纯粹的恢复名誉的动作而立即宣布它的有效性）
就可以使自己变成一个意识形态对象。

怎么办呢？一种解决办法是可能的：审美。在
布莱希特的作品中，意识形态批评不是直接进行的
（否则，它会再一次生产一种重复的、同义反复的、
战斗的话语）；它借助于审美替代来进行，反意识
形态滑入一种根本不是现实主义的而是准确的虚构
之中。也许，我们社会中的审美作用就在于此：提
供一种间接的和可传递的话语的规则（它可以转换
言语活动，但不表现出它的主导地位和它的心安理
得①的状态）。

我对 X 说，他的手稿（成为电视上的有争议的
重要内容）论述有余，审美保护不足。他避开这句
话，立即对我进行报复：他曾经与他的伙伴们多次
讨论《文本的快乐》；他说，我的书"不停地接近
灾难"。在他看来，灾难无疑就是落入审美之中。

想象物

想象物，即有关意象的总的设定，它存在于动
物身上（但丝毫不是象征性的），因为动物们直接
奔向人们为其设置的异性诱饵或是敌对诱饵。动物
的这种眼界难道不可以向想象物提供极大的兴趣

---

① 心安理得（bonne conscience），这是从弗洛伊德理论中借用而来的概念，指的是
处于"自欺"时的状态。——译者注

吗？从认识论上讲，这难道不正好是一种未来范畴吗？

本书的根本性努力在于建立一种想象物。"建立"即意味着：摆设布景、分配角色、制定层面，极言之，即把成排的舞台脚灯变成一道不确定的栏杆。因此，重要的是，想象物根据其程度（想象物是一种稳定事物，而稳定则是一种程度事物）来被对待，而且在这些片断过程中，有多种程度的想象物。可是，困难在于，人们无法用像烈酒的度数或是酷刑的轻重等方式来为这些程度编排号码。

古代学者有时明智地在一个命题之后放上起缓和语气作用的"不确定的"词语。如果想象物构成了一篇非常明确的作品，而且这篇作品又有着总是确定的不当之处，那么，只需每一次借助于某种元语言①的操作方式来公布这篇作品就足可以挽回写作这篇作品的声誉了。这就是我在此为某些片断可以做的事情（引号、括号、听写、场面、将段落隔开等）：主体由于被拆分（或者自我想象是如此）而有时能够为其想象物留下印记。但是，这并不是一种可靠的实践。首先，这是因为有一种意识清晰的想象物，并且我在划分我所说内容的时候只是把意象带得更远一些，只是产生一种二级的怪象；其

---

① 元语言（métalinguistique），语言学术语，即可以被用来解释一种已知言语事实的另一种言语活动，通常表现为将解释内容放进括号之中、增加注释以及进行翻译等。——译者注

次，尤其是因为想象物经常以狼的步子来临，轻轻地滑动在一个简单过去时上、一个代词上、一个回忆上，总之是滑动在一切可以在镜子和其镜中意象的铭言下聚集的东西：我吗？我。

因此，梦幻便既不是自负的文本，也不是意识清晰的文本，而是带有不确定意义的引号和不稳定意义的括号的文本（永远不要关闭括号，这恰恰就是：偏离）。这也取决于读者，读者可以为读物分级排列。

（想象物在其饱满程度状态下是这样被人感受的：我想写的有关我的一切，到头来都会妨碍我写作。或者更可以这样说：不能获得读者满意的就不能写。然而，每个读者都有其满意的东西，由此，只要人们能够为这些满意分出等级，也就可以为片断本身分出等级了。每个片断都接受其属于特定视野中的想象物标志，在这种视野里，它自认为受宠爱、不被惩罚并避开了被一个不满意或者只是看一看的主体来阅读的尴尬境地。）

花花公子

热衷于悖论的习惯几乎要导致（或直接说：导致了）一种个体主义的立场，而且，如果可以这样说的话，要导致一种讲究时髦的做派。可是，花花公子尽管孤独，但他并非一人：本身也是大学生的

S不无遗憾地对我说，大学生都是个体主义者；在一种特定的历史情况里，如充满悲观和拒绝的情况里，整个知识分子阶层（如果它不斗争的话）便都潜在地是花花公子。（花花公子是那种只有终身哲学的人：时间即我生命的时间。）

何谓影响？　*100*

　　人们在《文艺批评文集》中看得很清楚，写作的主体怎样在"演变"（从一种义务伦理学过渡到一种能指寓意）：他逐渐地随着他所论述的作者的意愿而演变。可是，引起感应的对象并不是我所谈论的作者，而更应该说是导致我对他进行谈论的东西；我在他的允许之下使我自己受到影响；我说的有关他的话迫使我从我的方面去猜想他（或者不去猜想），等等。

　　因此，应该区分人们所评论的并且其影响既不是外在于也不是先于人们对其所说的内容的那些作者和（按照更为传统的观念）人们阅读的那些作者。但是，对于我来讲，前面那些作者带给了我什么呢？带给了我某种音乐、一种凝思的音质、一种或多或少带有因改变字母位置而形成的单词的游戏。（我曾经脑子里装满了尼采，因为我在此前刚刚读过他的著作；但是，我所热望的，我想获取的，是由句子意念组成的歌曲。影响纯粹是韵律性的。）

灵巧的工具

一种先锋派的计划：

"世界确实摆脱了它的铰链，唯独一些猛烈的动作可以把一切重新接合。但是，在用于这方面的工具中，也许有一种小型和脆弱的工具，它要求人们轻轻地使用它。"（布莱希特，*l'Achat du cuivre*）

暂歇：回想

吃点心的时候，喝了一点沁凉的加糖牛奶。在白色的旧碗的底部，缺了一块瓷釉。我当时不知道小勺在转动的时候是否会碰到这个地方，或者碰到溶化不好或没有洗掉的糖块。

星期天晚上，乘无轨电车回到祖父母家。晚饭时，我们在卧室靠近壁炉的地方喝粥，吃烤得焦煳的面包。

在夏天的晚上，当天色迟迟不尽的时刻，母亲们都在小公路上散步，而孩子们则在周围玩耍，那真是节日。

一只蝙蝠飞进了卧室。由于担心蝙蝠会钻进头发里，他的母亲把他背在背上，他们用床单裹住自己，并用火钳驱赶蝙蝠。

普瓦米罗（Poymiro）上校在去阿莱纳的路边骑坐在一把椅子上。他身材高大，淡紫色的面庞，皮下血管明露，鼻下一撮胡须，双眼近视，说话含糊不清，他注视着参与斗牛的人群来来往往。他拥抱上校的时候，感到那是多么痛苦和令人害怕！

他的代父尤瑟夫·诺加雷（Joseph Nogaret）经常送给他一袋子核桃和一枚五法郎的硬币。

101

拉丰（Lafont）夫人是巴约纳中学幼儿部的老师。她穿着套头上衣、衬衫和狐皮外套。在问题回答对了的时候，她会发一块形状和味道与覆盆子一样的糖果。

格勒内尔（Grenelle）市阿弗尔街的牧师贝特朗（Bertrand）先生说话时慢慢腾腾、庄严肃穆、两眼紧闭。每一次吃饭的时候，他都拿来古旧的《圣经》读上一段，那《圣经》上盖着淡绿色的毡子，压印着绒绣的十字架。他读的时间很长；在有事外出的日子，人们都认为他会赶不上火车。

由住在蒂叶尔街的达里格朗（Darrigrand）一家租用的一辆双马双篷四轮马车，每一年来一次，走街串巷拉客，然后把我们送到巴约纳火车站，我们再搭乘当晚去巴黎的火车。在等火车的时候，人们都在玩黄衣小矮人纸牌游戏。

通过去信预订的住房被人挤占了。在巴黎的11月的一个早晨，他们带着大箱子小行李分头赶到了格拉西叶街。旁边的奶品商店的女主人接待了他们，并为他们提供了热巧克力和羊角面包。

在玛扎里纳街，画报是在来自图卢兹市的主掌一家文具店的女老板那里购买的。这家商店散发出油炸土豆的气味。店铺女主人从里面走出来，嘴里还嚼着没有咽下的饭菜。

格朗赛涅·都特里夫（Grandsaines d'Hauterive）先生是杰出的初中三年级教师，他手里摆弄着一副玳瑁质的夹鼻眼镜，身上散发出胡椒的气味。他把班上学生划分为"阵营"和"派系"，每一阵营和派系都有一个"头头"。这仅仅是围绕着希腊语的不定过去时而出现的争论。（为什么教师都是回忆的好引导者呢?）

大约在 1932 年，在第 28 号电影院，一个 5 月的星期四下午，我独自一人去看了《安达鲁狗》[①]；五点钟走出电影院的时候，托劳宰街上散发出洗衣女工们在熨烫衣服的间隙里饮用的牛奶咖啡的气味。这是对由于过分乏味而出现的注意力偏移的模糊记忆。

在巴约纳市，花园里有不少大树，因而有许多蚊子；窗户上有罗纱（而且已经有了窟窿）。人们点燃一些被称作菲迪比斯（Phidibus）的小小的球

---

① 译者认为，这里该是拍摄于 1928 年的一部很出名的法国超现实主义电影《一条安达鲁狗》(Un chien Andalou)，编剧之一和导演为路易·比尼埃勒（Luis Bunuel），另一编剧为达里（Dali）。但巴尔特在"安达鲁狗"前面使用的是定冠词，于是就变成了文中的 Le Chien Andalou，依此只能译为《安达鲁狗》。这想必是他的误记。——译者注

状果实，然后开始喷洒灭蚊剂，它由一个发出刺耳
声响的喷头喷成雾状，可药桶里却几乎总是空的。

迪普埃（Dupouey）先生是高中二年级的教师，
他性情抑郁，从来不亲自解答一个他提出的问题。
有时，他静静地等上一个小时，等着哪个人找到一
个答案，或者把学生打发到学校院内散步。

夏天早晨九点钟的时候，两个小男孩在贝里居
民区的一处低矮和简朴的住房里等我。必须让他们
做假期作业。在一张报纸上，还有一位小个子的祖
母为我准备的一大杯很白、很甜的牛奶咖啡在等待
着我，这种咖啡很让我恶心。

等等。（由于不属于自然范围，回想包含着一
种"等等"。）

102

我把回想称为由享乐与努力所混合而成的动
作，主体进行这种动作是为了重新找到回忆的细微
特征，而又不扩大回忆，也不使之震动：这便是俳
句本身。自传素（biographème）（参阅《S/Z》，13
页）仅仅是一种人为的回想，即我借给我所喜爱的
作者的回想。

这些回想多少有些模糊（即无意蕴的：排除意义
的）。我们最好将其变得模糊，它们最好避开想象物。

蠢货？

（建立在人类的个人单位上的）传统看法：愚

蠢是一种歇斯底里，只需把自己看成蠢货，就可以
少做蠢事。辩证的看法：我同意使我自己多元化，
我同意在我身上存活着自由的愚蠢区域。

他经常自我感觉是蠢货，这是因为他只有一种
精神智力（也就是说：不是科学的，不是政治的，
不是实践的，也不是哲学的，等等）。

写作的机器

大约在 1963 年的时候（见谈论拉·布吕艾尔
的文章，《文艺批评文集》，221 页），他曾热衷于
隐喻/换喻这一对关系（不过，这一对关系早在
1950 年与 G 的对话以来就为人所知）。概念就像
一个巫神棒，尤其一旦成对出现，就去掉了一种
写作的可能性：他说，在此活动着说出某种东西
的能力。

写作工作因此而通过对于概念的迷恋、连续的
激动、难以持久的狂热来进行。话语借助于命运浮
沉、情爱危机来前进。（语言的游戏：留住意味着
阻滞①：后一个词在某个时刻留在了喉咙里而没有
说出。）

---

① 这里，巴尔特又使用了一个具有双重意义的词：engouement，该词具有"噎住"
和"迷恋"两个意思，我们采用"留住"代替"迷恋"之意，采用"阻滞"来代替"噎
住"之意义，以使在汉语表达上勉强通达。——译者注

空腹

布莱希特在与其喜剧演员们约定下一次排练时间的时候，总是这样说：空着肚子！不要进食，不要饱餐，不要露出灵气、温柔、得意，要瘪着肚子，要空腹。我所写的，我能在确保空腹的情况下承受它一周吗？这个当我找到时使我高兴的句子、念头（句子—念头），谁能保证在空腹的情况下它将不会使我感到难受呢？如何在我毫无兴致的情况下对我（我对我个人的消耗感到扫兴）进行提问呢？如何来准备我所希望的对于我自己的阅读（不是去爱，而仅仅是空腹承受已经写出的东西）呢？

吉拉里的信 103

"我亲爱的罗兰，请接受我的问候。您的来信使我非常高兴。这封来信给人以我们的深厚友情无任何缺憾的印象。我怀着极大的兴奋答复您严肃的来信，并无限地和发自内心地感谢您华丽的词语。亲爱的罗兰，这一次，我要与您谈一个（在我看来）不大好办的话题。话题如下：我有一个弟弟，是大学三年级的学生，非常喜欢音乐（爱弹吉他），对人富有爱心。但是，贫困埋没了他，并把他隐蔽在了他可怕的世界之中（他现在很困难，'您的诗人这样说'），亲爱的罗兰，我请您在您可爱的国家尽快地为他寻找一份工作，因为他的生活充满忧虑与烦恼。可是，您知道年轻的摩洛哥人的境况，而这使我真正地感到惊讶，也使我失去了闪光的微笑。这也会使您感到惊讶，即便您并不具有排外和忧郁孤僻的心肠。我急切地等待您的回信，谨求上帝保佑您身体安康。"

［这封信带来的快乐：奢华的、辉煌的、逐字逐句的而且直接是文学性的，这是没有文化背景的文学性的快乐，这种快乐超过在每个句子上言语活动所带来的享乐。它还在任何审美之外随着所有的准确又无情的变化而增加，但不曾从远处对信件进行批评（而我们的那些可悲的同胞们却有可能这样做）。这封信同时说出了真实情况与欲望：吉拉里的全部欲望（吉他、爱心），摩洛哥的整个政治真实。这正是人们所希望的空想式的话语。］

作为享乐的悖论

G 激动而愤怒地离开了《贡斯宕斯湖泊上的马队》（*La Chevauchée sur le lac de Constance*）[①] 的演出现场，他对这次演出的描述是这样的：巴洛克式的、疯狂的、拙劣的、浪漫的，等等。他还补充说：而且完全是过时的！因此，对于某些组织活动

[①] 奥地利小说家、诗人和剧作家彼德·汉德克（Peter Handke，1942— ）的剧作。——译者注

来讲，悖论是一种最强烈的令人着迷的东西，是一种最重大的损失。

对于《文本的快乐》的补充：享乐，并不是能够符合欲望（即满足欲望）的东西，而是使欲望感到惊讶、超过欲望、改变欲望和使其偏离的东西。应该转向神秘的东西，以便获得对于因此可以使主题偏离的好的表达方式。吕斯布罗克①说过："我把精神的醉意称为这样一种状态：在这种状态中，享乐超过欲望所能模糊地预感到的各种可能性。"

（在《文本的快乐》之中，享乐已经被说成是不可预见的，吕斯布罗克的话已经被引用过。但是，我总是可以自我引用，以便意味一种坚持、一种顽念，因为这关系到我的躯体。）

令人狂喜的话语　104

——我爱你，我爱你！这种表明爱情的顶级方式出自躯体，它是无法抑制的、重复的，难道这种方式就不掩盖着某种缺憾吗？如果不是为了像乌贼释放其黑墨那样来模糊其因过分肯定而导致的欲望之失败的话，人们本来不需要这种言

---

① 吕斯布罗克（Van Ruysbroek 或者 Van Ruysbroec，1293—1381），为现在的比利时布拉邦省人，神学家和文学家，其神秘文学作品构成了荷兰最早的文学作品。——译者注

辞。——什么？让人永远抑郁不乐地去重复一种平庸的话语吗？难道就没有任何可能使语言世界的某个隐蔽的角落存在着一种纯粹的令人狂喜的话语吗？在其最边缘的空白处——当然这距离神话已经很近——难道就不可以设想，言语活动最终会变成对于这种空白的一种填补行为的首要的和无意蕴的表述吗？

——没什么可做：这是所要求的词句。因此，它只能妨碍接受这种词句的人，而不包括圣母和上帝！

——只有在下面的情况里（这种情况不大可能，但人们却总希望其出现），我才认定放弃这个词语。在这种情况里，两句"我爱你"由于是在一个瞬间发布的，便有可能形成一种纯粹的重合，并借助于这种同时性来取消一个主体对于另一个主体的要挟作用：于是，要求便开始浮起。

填补

全部的诗，全部的（浪漫）音乐，都在这种要求之中：我爱你。但是，如果令人狂喜的答复神奇地突然出现了，那么它可能是什么呢？填补的乐趣是什么呢？亨利·海涅说过：我激动，我倾倒，我痛苦地哭泣。

（爱情词语在工作：就像一种悲哀。）

对词语下工夫

接下来，换个场面：我想象我在反复思考的过程中寻找一种辩证的出路。我认为，爱情的顿呼，尽管我重复它，并在时间的流逝中日复一日地将其重新引导，但我每一次说起它的时候，它都会覆盖着一种新的状态。就像阿耳戈英雄①在航行中不断更新其大船却又不改变大船名称那样，爱情的主体将借助于同样的一种呼叫来完成一种长跑。他将一点一点地辩证地改变最初的要求，而从不使其第一次机智之举的热烈程度失去光彩。他认为，对于爱情和言语活动下工夫就是给予同一个句子以总是新的变化。于是他便创造了一种前所未闻的语言，在这种语言之中，符号的形式在不断重复，但是其所指却不重复；在这种语言之中，说话者与恋人最终能战胜言语活动（和精神分析科学）印记在我们所有情感上的无情的减缩过程。

（从我刚刚引证的三个想象物之中，最可操作的是最后一个；因为如果一个意象得以形成，这个意象就至少是一种辩证转换即一种实践的意象。）

106

---

① 阿耳戈英雄：希腊神话中乘阿耳戈大船去寻觅金羊毛的人。——译者注

浪费。

对于言语活动的惧怕

他在写作这样的文本的时候，产生了一种净说行话的犯错误的感觉，就像他尽力想成为个别而不能脱离一种疯狂话语一样。如果在他一生中，他在言语活动方面出现问题怎么办？这种恐慌，在这里（在 U 地），当他晚上不出门而长时间看电视的时候来得尤其强烈。于是，他的面前便不断地出现（一再显示）一种他所脱离的通常的言语活动；这种言语活动使他兴味盎然，但却不是相互的。面对电视里的观众，他的言语活动在他看来就显得完全不是真实的（而脱离审美的享乐，任何不真实的言语活动都有可能成为可笑的）。言语活动能量的散落是这样的：最初，先听取别人的言语活动，并从这种距离中获取一种安全；然后，又怀疑这种退让，害怕人们说的东西（这与人们这样说的方式是不可分离的）。

对于他白天刚刚写过的东西，他夜来有些害怕。夜晚异常地将写作的整个想象物重新带回来——产品的意象，批评的（或友好的）闲话：太这样了，太那样了，这不足以……夜里，形容词成群结队地返了回来。

母语

为什么对于外国语不那么感兴趣、不那么适合呢？在中学时学的是英语（烦死人：马布女王①、《大卫·科波菲尔》②、《委曲求全》③）。对意大利文比较感兴趣，一位米兰的老牧师（古怪的结合）为他提供了学习意大利语的一些入门知识。但是，对于这些民族语，他从来只是在旅游时含混地使用。他从未进入一种语言之中。他对外国文学不大感兴趣，对于翻译作品总是那么看不上眼，在翻译家们的提问面前表现出慌乱——因为他们经常好像不知道我认定的一个词的意义：内涵。整个这种阻塞是一种爱的反面，即对于母语（女人的语言）的爱。这不是一种全民性的爱：一方面，他不相信任何一种语言的卓越性，并且他经常感到法语存在着严重的不足；另一方面，他在自己的语言方面从未感到处于安全状态。在他辨认出法语语言的威胁性分裂的地方，与这种不安全状态的遭遇是很多的。有时，他在街道上听到法国人讲话，他对能理解他们和与他们一起分享他的躯体的一部分感到惊奇。因

107

---

① 马布女王（reine Mab），爱尔兰神话中的一位女王，后成为绝对权力的象征。——译者注

② 《大卫·科波菲尔》（*David Copperfield*），英国作家查尔斯·狄更斯（Charles Dickens，1812—1870）的作品。——译者注

③ 《委曲求全》（*She stoops to conquer*），英国作家、诗人、剧作家奥利弗·哥尔德史密斯（Olivier Goldsmith，1728—1774）的作品。——译者注

为在他看来，法语无疑不是别的，而是与生俱来的
语言。

（同时，他对非常古怪的语言有兴趣，如日语，
这种语言的结构在他看来是以意象与告诫来再现另
一主体的组织系统。）

不纯正的词汇

梦想一种纯粹句法和附兴于一种不纯正的、属
于变异逻辑的词汇（这种词汇把词语的起源与特点
混合在了一起），他难道就不能这样来确定自己吗？
这种搭配有可能阐述某些历史情况，但也可能阐述
一种消费数据：比纯正的先锋派阅读的多一些，但
是比一位具有高深文化的作者阅读的要少得多。

我爱，我不爱

我爱：生菜、桂皮、奶酪、辣椒、巴旦杏面
团、割下的干草气味（我希望有一个"鼻子"① 能
制造出这种香水）、玫瑰、芍药、熏衣草、香槟酒、
淡漠的政治立场、格林·古尔德②、非常冰冷的啤

---

① 在法国，人们把为数很少的凭灵敏嗅觉来鉴定香精、香料的高级技师称为"鼻
子"。——译者注

② 格林·古尔德（Glenn Gould，1932—1982），加拿大钢琴演奏家。——译者注

酒、平展的枕头、烤煳的面包、哈瓦那雪茄、亨德
尔①式的适度的散步、梨、白色桃子或与葡萄同期
收获的桃子、樱桃、各种颜色、各种手表、各种钢
笔、各种写作用的蘸水笔、甜食、生盐、现实主义
小说、钢琴、咖啡、波洛克②、通布利③、所有浪漫
音乐、萨特、布莱希特、凡尔纳、傅立叶、爱森斯
坦、火车、梅多克葡萄酒、布滋香槟酒、有零钱、
布瓦尔与佩居榭、夜晚穿着拖鞋在西南部的小公路
上走路、从 L 医生家看到阿杜尔河的拐弯处、马克
斯兄弟④、早上七点离开西班牙萨拉曼卡（Salaman-
que）城时的山影，等等。

我不爱：白色狐犬、穿裤子的女人、天竺葵、
草莓、羽管键琴、米罗⑤、同义反复、动画片、阿
瑟·鲁宾斯坦⑥、别墅、下午、萨蒂⑦、巴托克⑧、
维瓦尔第⑨、打电话、儿童合唱团、肖邦的协奏曲、

---

① 亨德尔（Georg Friedrich Haendel，1685—1759），先为德国籍后为英国籍的作曲
家。——译者注
② 波洛克（Jackson Pollock，1912—1956），美国画家、动作派代表人物。——译者注
③ 通布利（Cy Twombly，1928—），美国画家。——译者注
④ 马克斯兄弟（Marx Brothers），美国 20 世纪上半叶音乐与电影界三兄弟。——
译者注
⑤ 米罗（Joan Miro，1893—1983），西班牙画家、雕塑家。——译者注
⑥ 阿瑟·鲁宾斯坦（Arthur Rubinstein，1887—1982），波兰裔美国钢琴家。——
译者注
⑦ 萨蒂（Erik Alfred Leslie Satie，1866—1925），法国作曲家。——译者注
⑧ 巴托克（Béla Bartók，1881—1945），匈牙利作曲家。——译者注
⑨ 维瓦尔第（Antonio Vivaldi，1678—1741），意大利作曲家。——译者注

勃艮第（Bourgogne）地区的布朗斯勒古典舞曲、
文艺复兴时期的舞曲、风琴、M. - A. 夏庞蒂埃①、
他的小号和定音鼓、性别政治、舞台、主动性、
忠实性、自发性、与不认识的人度过夜晚时光、
等等。

我爱，我不爱：对于任何人来讲，这没有丝毫
的重要性；很显然，这没有一点意义。可是，这一
切却意味着：我的躯体与您的躯体不一样。因此，
在这种有兴趣和无兴趣的混乱泡沫中——这是类似
于一种消遣性的画影线活动——一点一点地画出了
一个躯体之谜的外在形象，它呼唤共谋与激动。对
于身体的恫吓在此开始了，这种恫吓迫使另一个②
自由地承受着我，它迫使另一个在其并不分享的享
乐与拒绝面前保持平静和善于恭维。

（一个苍蝇在打扰我，我把它打死了：人们打
死打扰他们的东西。如果我没有打死苍蝇，那该是
出于纯粹的自由主义：我为了不当杀手而宽容。）

结构与自由

有谁还是结构主义者呢？可是，他至少在这
方面是结构主义者：在他看来，一个嘈杂的场所

---

① 夏庞蒂埃（Marc-Antoine Charpentier，1643—1704），法国作家。——译者注
② 这句话中的"另一个"（autre）是作者的想象物，请参阅对"他者"（Autre）的
注释。——译者注

似乎是没有被结构化的，因为在这种场所，不再有任何自由来选择平静或言语（他曾经对一位酒吧的邻座说过很多次：我无法对您讲话，因为噪声太多）。结构至少为我提供两个词语，我可以随便地标志一个，而放弃另一个。因此，结构最终是一种自由之（平庸的）保证：既然不论怎样我都不能说话，那么，那一天又如何赋予我的沉默一种意义呢？

可接受的

他曾经常使用这个语言学的概念——可接受的。在一种已知语言中，当一种形式可以接受部分意义的时候，这种形式就是可以接受的。这个概念可以被利用到话语的层面上。因此，俳句的各个分句总是："简单的、日常的、可接受的"（《符号帝国》，93 页）。还有，根据罗犹拉①的练习机器，"出现了某种有规则的，因此是可接受的要求"（《萨德·傅立叶·罗犹拉》，63 页）。而且从总的方面来讲，有关文学的科学（如果有一天它能存在的话）将不需要验证这样的意义，但是却总要说出"为什么一种意义是可接受的"（《批评与真理》，58 页）。

---

① 罗犹拉（Ignace de Loyola，1491—1556），西班牙贵族，他创立了基督会（Compagnie de Jésus）并阐述过"黄金分割规则"。——译者注

这个近乎科学的概念（因为它的起源是语言学的）具有其激情的方面。它用一种形式的有效性来代替它的真实。从这里开始，人们可以悄悄地说，它带给可爱的主题的是落空的、被免除的意义，甚至是一种失去控制的随意性。在这一点上，可接受的，以结构为借口，便是欲望的一种外在形象。我希望可接受的（清晰的）形式就像是使两种暴力受挫的一种方式：饱满和强加的意义之暴力和英勇的无意义之暴力。

可读的、可写的及在此之外的

在《S/Z》一书中，提出了一种对立关系：可读的/可写的。我不能重写的文本是可读的（今天，我还能像巴尔扎克那样写作吗?）；我阅读起来有困难的文本是可写的，除非完全改变我的阅读习惯。现在，我想象（人们送给我的某些文本提醒了我这一点）也许有第三种文本实体：在可读的与可写的旁边，也许有某种可接受的文本。可接受的可以是不能卒读的。作为棘手的文本，它缠住你，它在任何可能性的理解之外继续生产，而且其功能——显然由续写者来承担——就在于否认作品的商业性束缚。这种文本，由于被一种不可公开的想法所吸引，便求助于下面的答案：我不能阅读，也不能写作您生产的东西，但是我接受它，就像是接受一种

109

火、一种毒品、一种神秘的解体。

文学作为套数

在阅读古典文本的时候（从《金驴》①到普鲁斯特），他总是对文学作品（根据一些特定的规律，而且对这些规律的研究应该构成一种新的结构分析）所集中和传播的知识总体感到惊讶：文学是一种套数（mathésis）、一种秩序、一种系统、一种结构化的知识领域。但是，这个领域不是无限的。一方面，文学不能超出对其时代的认识；另一方面，它不能把话说尽：就像言语行动，就像完成的概述，它不能阐释对象、场面，不能阐述使其惊讶直至让其惊呆的事件。布莱希特看到和说过的是这样的："奥斯维辛②事件、华沙犹太人住区事件、布痕瓦尔德③事件大概都不能承受一种文学性质的描述。文学不是为这类事所准备的，它不具备对其进行阐述的手段。"（《论政治与社会》，244 页）

① 《金驴》（L'Âne d'or），拉丁作家阿比勒（法文：Apulée，拉丁文：Lucius Apuleius Theseus，125—170）的 12 卷小说，本名为《变形记》（*Métamorphoses*）。——译者注

② 奥斯维辛（Auschwitz），波兰城市。1940 年到 1945 年，德国纳粹曾在此设立集中营，杀害了近百万犹太人和波兰人。——译者注

③ 布痕瓦尔德（Buchenwald），德国城市。1937 年到 1945 年，德国纳粹曾在此设立集中营。——译者注

　　这也许可以解释今天我们不能产生一种现实主义文学的原因：已经不再可能重新写作巴尔扎克、左拉、普鲁斯特那样的作品，甚至不能重新写作那些质量很差的社会主义小说——尽管它们的描述是建立在至今仍然存在的社会分化基础上的。现实主义总是羞羞答答的，而且，现在的世界是一个大众信息和政治普及使之变得非常慷慨的世界，以至于不再可能对其投影式地进行形象表现。在这样的世界里，有着太多的使人意想不到的事情：世界就像文学对象一样在躲避；知识在使文学荒芜，文学不再可以是模仿的，也不再是套数的，而仅仅是符号化的，这是言语活动的不可能之物的历险活动。一句话：文本（说"文本"概念重叠"文学"言语活动的无限性概念是错误的：文学再现一个完成的世界，文本形象地表现言语活动的无限性——无知识、无原因、无智力）。

关于自我的书

　　他的"观念"与现代性有某种关系，或者说与人们所称的先锋派有某种关系（主体、故事、性别、语言）。但是，他抗御他的观念——他的"自我"，作为理性的凝聚结果，不停地抗御他的观念。这本书，尽管表面上是一系列观念的产物，但它并不是介绍其所有观念的书；它是关于自我的书，是

110

我抗御我自己的观念的书，这是一本隐性的书（它
在后退，但也许它只是有点后退）。

　　这一切，均应看成出自一位小说人物之口——
或出自几个小说人物之口。因为，想象物作为小说
的必然材料和那个谈论自己的人容易误入歧途的梯
形墙的迷宫，它由多个面具（人）所承担，这些面
具依据场面的深入而排序（可是，没有人待在幕
后）。书籍不进行选择，它交替地运作，它根据不
时地出现的简单想象物和所受到的批评而前进，但
是这些批评本身从来都仅仅是起轰动作用：没有比
（对自己的）批评更纯粹的想象物了。这本书的内
容最终完全是小说性的。在随笔性的话语中加入一
个并不指任何虚构人物的第三人称，表明的是重新
塑造各种体裁的必要性：随笔几乎自认为是小说，
一部无专有名词的小说。

饶舌

　　1972 年 6 月 7 日这一天，出现了一种有意思的
状况：由于劳累和紧张而造成的疲惫，一种内心的
饶舌控制住了我。那是一阵句子的狂轰滥炸；也就
是说，我既感到自己非常聪慧，又感到自己非常无
能为力。

　　这恰恰是写作的反面，因为写作在自身耗费中
是很节俭的。

清醒的表白

这本书不是一本"忏悔"之书。不是因为它是不诚实的，而是因为我们今天有一种不同于昨天的知识。这种知识可以概括为：我写的关于我自己的东西从来不是关于自我的最后的话。古代作者认为只应服从于一条规律：真实性。在与他们的要求不同的新的要求眼光看来，我越是"诚实的"，我就越是可解释的。这些要求是故事、意识形态、潜意识。我的文本，因为开向（不这样又该怎么做呢?）这些不同的未来，它们便互相脱离，没有一篇覆盖另一篇。这个文本不是别的，而仅仅是一个多出的文本，是系列中最靠后的一个，但不是意义的最后一个。文本叠加文本，从来不会说明什么。

我的现在有什么权利来谈论我的过去呢? 我的现在能超过我的过去吗? 是什么"恩泽"开导了我呢? 难道只有正在度过的时间的恩泽，或者从一种充足的理由来说，是在我的道路上所遇到的时间的恩泽开导了我吗?

从来都只是这样的问题：不介绍最好的伪装，而仅仅介绍一种无法确定的伪装（D 对黑格尔的评价）的写作计划是什么呢?

111

结婚

与叙事（与再现、与模仿）的关系，通过俄狄浦斯来实现，这已为人所知。但是，在我们的群体社会中，它还通过与结婚的一种关系来实现。除了大量以奸夫作为主体的戏剧剧本和影片之外，我在这个采访（在电视台）的（困难）场面里还看到了它们的符号：人们质问、审问演员 J. D.，问他关于他与其妻子（也是喜剧演员）的关系。采访者希望这位好丈夫是不忠诚的，这很刺激他，他要求一个模糊的词语、一个叙事的萌芽。因此，结婚可以提供重大的集体刺激：如果取消俄狄浦斯和结婚，我们要叙述的还有什么呢？它们消失了，大众艺术将完全和彻底地发生变化。

（俄狄浦斯与结婚之间的联系，在于获得"这种联系"和传递"这种联系"。）

对童年的记忆

在我还是个孩子的时候，我家住在一个叫马拉克的居民区。这个区满是正在建造的房子，孩子们就在工地上玩耍。黏土地上挖了许多大坑，用来为房屋打基础。有一天，我们在一个大坑里玩，后来所有的孩子都上去了，唯独我上不去。他们从高处地面上嘲笑我：找不着了！就只他一个了！都来瞧啊！离群了！（离群，并不是置于外边，而是指一个人待在坑里，是指在露天下被封闭了起来：那正是被剥夺权利的人的处境。）这时，我看见妈妈跑来了。她把我从坑里拉了上来，抱起我离开了那群孩子。

清晨

清晨时的幻觉：我一生中都梦想早起（这是我这类人的欲望：早起是为了"思考"，是为了写作，而不是为了赶郊区火车）。但是，充满幻觉的这个清晨，即便我能起得来，我也永远不会见到它。因为要让它符合我的愿望，就必须在及时起来后，我能在初醒状态之中、在意识过程之中、在晚上才有的那种感觉积累之中看到它。如何才能随心所欲地达到精神饱满呢？我的幻觉的极限，总是在我未就绪的时刻。

美杜莎 *112*

多格扎，即通常的舆论、重复的意义，就像什么都不是。这便是美杜莎①：它使看它的人变成石头。这意味着它是显然可见的。它被看到了吗？甚至没有被看到：它是粘在视网膜深处的一团明胶状的物质。服用什么解药呢？在我是青少年的时候，有一天，我在马洛-雷班（Malo-les-Bains）浅海游

---

① 美杜莎（Méduse），"水母"与"长发女神"之意，这一段文字中共用这两个意思。——译者注

泳，海水很凉，水母肆虐扰人（因为什么样的精神错乱而参加了这次游泳呢？我们是集体去的，这便证实了大家都对那里忧心忡忡）。从海水中出来的时候，身上经常布满了灼伤和水疱，以至于换衣棚的女老板在你上岸后沉着地递给你一升消毒水。人们也可以以同样的方式设想从群体文化的多格扎式产品中获得一种快乐（黏度），只要在从这种文化的洗浴之中出来的时候，每一次都有人给你说上一点去污的话语就行，就像什么都没有发生那样。

作为丑陋的蛇发女魔们的王后和姐妹，美杜莎因其明亮的长发而有着罕见的美。海神曾经一心想得到她，并在智慧女神密涅瓦①的教堂里娶其为妻。密涅瓦把她变成令人厌恶的女人，还把她的长发变成了长蛇。

（确实，在充斥着古代沉睡的美人的多格扎的话语中，有着对于过去的一种奢华和新鲜的智慧的回忆。恰恰是作为智慧之神的雅典娜②借着把多格扎变成一种智慧漫画来进行报复。）

美杜莎，或是蜘蛛蟹，都是阉割。它使我惊呆。这种惊呆是由我在倾听但却看不见的一种场面产生的；我在倾听中却看不见它：我待在门后。

多格扎在谈论，我听到了它的谈论，但我不是

---

① 密涅瓦（Minerve），古罗马神话中的智慧女神。——译者注

② 雅典娜（Athéna），古希腊神话中的智慧、科学与艺术女神，后被古罗马人视同为密涅瓦。——译者注

在它的空间里。像任何作家一样，我是悖论之人，
我呆在了门后；我很想穿过这个门，很想看见被说
出的东西，我也很想参加集体场面；我不停地听着
我被排除在外的东西；我处在惊呆的状态，愕然，
隔离在言语活动的大众性之外。

我们都知道，多格扎是压制人的。但也许是镇
压人的？我们来读一下一家革命刊物（*La Bouche
de Fer*，1790）上刊载的这段话："……必须在三
种权力之上再加上一种对于监督和公众舆论的审查
权力，这种权力将属于所有的人，所有的人都可以
在不代表谁的情况下实施这种权力。"

阿布·诺瓦斯与隐喻

欲望并不使人接受对象。当一个男妓看着阿
布·诺瓦斯①时，阿布·诺瓦斯从他的目光里看到
的不是对钱的欲望，而仅仅是欲望，他因此而激动
了。愿这能对任何有关位移的科学提供寓言：被转
移的意义并不重要，路线术语并不重要，只有转移
本身是唯一可考虑的，只有转移本身可以建立
隐喻。

113

---

① 阿布·诺瓦斯（Abou Nowas，756—813），古代阿拉伯阿巴西德地区的诗
人。——译者注

语言学的寓意

　　1959 年，关于当时法属阿尔及利亚，您曾经对动词 "être"① 做了意识形态方面的分析。"句子"作为语法对象（如果是这样的话），它使您说出了在丹吉尔②的一家酒吧里发生的事情。您保留了"元语言"这个概念，但只是以想象物的名义保留的。这种方式在您身上是经常的。您在实践一种假语言学，即一种隐喻语言学：这不是因为语法概念为说明自己而要寻找一些意象，恰恰相反，是因为这些概念前来构成寓意，构成一种二级言语活动，其抽象过程被移用于一些浪漫性的目的。科学中最为严肃的科学，即承担着言语活动自身的存在并提供一整套严格名称的科学，也是一种意象储库，而且，就像一种诗歌语言，它使您可以用来陈述您的欲望的本义。您将会发现一种亲和性，这种亲和性存在于作为允许语言学家非常科学地在某些恰当的对立关系中解释意义之损失的"中性化过程"与作为伦理学范畴的中性之间——对您来说，这种伦理学范畴在消除显示性意义、压制性意义的难以容忍的标志的时候是必要的。而这种意义本身，在您看着它运作的时候，便是伴随着不停地打开一个小玩

---

① 法文动词 "être" 兼有 "是"、"存在"、"成为" 的意思。——译者注
② 丹吉尔（Tanger），摩洛哥的一个省及其省会城市的名称。——译者注

意儿的启动器的一位买主的几乎是儿童式的娱乐方
式来进行的。

偏头疼

我习惯于把头疼说成偏头疼（也许因为这个词
是美的）。这个不恰当的词（不仅仅是因为我忍受
着我的头的一半的疼痛）从社会阶级关系方面来讲
是正确的。偏头疼作为资产阶级妇女和文人墨客的
神话属性，是一种阶级现象：有人看到过无产者或
者小商人偏头疼吗？社会划分经过我的躯体：我的
躯体本身也是社会性的。

在农村（在西南部），为什么我偏头疼更厉害、
更频繁呢？我在休假，在享用着空气，可我更容易
出现偏头疼。我在抑制什么呢？是城市的悲哀？是
重新想起我在巴约纳市的过去时光？是童年时的烦
恼？我的偏头疼是什么位移留下的踪迹？但也许偏
头疼就是一种错乱症？当我头疼的时候，就像是我
被部分欲望所占据一样，就像是我在使我躯体的确
定的一点（我的头的内部）偶像化一样。因此，我
与我的工作是处在一种不幸的和情爱的关系之中
吗？这是一种自我划分的方式，是我想要工作又同
时对工作感到害怕的方式吗？

与米什莱"混合有头晕目眩和恶心的头疼"很
不相同，我的偏头疼是模糊的。头疼（从来不十分

114

强烈），对我来说，是使我的躯体变得不透明、固执、萎缩、失败——总之是变得中性（重新发现的重大主题）的一种方式。对于不发生偏头疼的时刻，对于躯体的无意蕴的醒觉状态，对于一般肌体感觉的零度状态，他把它们一律看成健康状况的戏剧。为了确信我的躯体从歇斯底里方面来讲并不是健康的，我必须不时地从我的躯体上取消其透明性之标志，并把它感受成某种有点青绿色的器官，而不是作为一种制胜的外在形象。于是，偏头疼便成了一种精神与躯体的（而不再是神经官能症的）病痛，借助于这种病痛，我同意进入——但仅仅稍微进入（因为偏头疼是微妙的东西）——人的致命的疾病之中，即缺乏象征作用。

过时

他的生活一摆脱书，就继续是一位过时主体的生活：当他恋爱的时候（以恋爱的方式和恋爱的事实），他是过时的；当他爱他的母亲的时候（如果他很了解他的父亲而不幸的是他又很爱他父亲的话，那该会是何种情况！），他是过时的；当他感觉自己是民主派的时候，他是过时的；等等。但愿时髦得到进一步的固定，而那最终则会是某种心理劣质品。

重要词语的柔弱性

在他所写的东西中，有两类重要的词语。一类仅仅是使用不当的词语：含混、勉强，它们用于占据多种所指的位置（"决定论"、"故事"、"本质"）。我感觉这些重要的词语就像达利①画的那些魔鬼一样柔弱。另一类（"写作"、"风格"）是根据个人的计划被重新改变的，它们是其意义依随个人习惯的那些词语。

从"健康撰写"的角度来看，尽管这两类词语不具有相同的价值，但它们都告诉我们：（从智力方面来讲）在含混的词语之中，其实在的明确性更为强烈。故事是一种道德观念；故事可以使自然性具有相对特征，并使人相信一种时间意义；本质，即是存在于其所具有的受到压制的和静止的东西之中的社会性；等等。每一个词语都在变化，或者像牛奶，它消失在句式的风化空间中，或者像一种卷须，直伸到主体的精神根部。最后，其他的词语。都是挖泥船；它们跟随着它们所遇到的词语。想象物，在1963年只不过是巴什拉尔②的一个很含混的词语（《文艺批评文集》，214页），但到了1970年

115

---

① 达利（Salvador Dali，1904—1989），西班牙画家和作家。——译者注
② 巴什拉尔（Gaston Bachelard，1884—1962），法国哲学家，在认识论方面有重大贡献。——译者注

（《S/Z》，17页），它便得到了重新确定，完全变成了拉康的意义（甚至是变形的意义）。

女舞蹈家的腿肚子

假设庸俗性是对于谨慎的损害，那么，写作就几乎不停地是庸俗的。如果我们（多少）能够沟通（供解释和分析）的话，我们的写作（在现时）就是在言语活动的空间中发展，而这种空间依然是修辞学的，并且它也不能拒绝就是修辞学的。因此，写作必须以话语效果为前提。只要某些效果稍微是被迫的，那么写作就会变成庸俗的——如果可以这样说的话，每当写作露出它的女舞蹈家的腿肚子的时候，就是这样的。（这个片断的题目本身就是庸俗的。）

想象物，就像照相时一刹那的效果，由于在作家的幻觉的作用下被确定、被捉住、被固定，因而变成某种怪象；但是，如果姿势是任意的，那么，怪象就会改变意义（问题：如何知道这一点呢?）。

政治与道德

我一生都在政治上烦躁不安。我由此推导出，我所认识的（我所效忠的）唯一的父亲，曾经是政治父亲。

这是一个简单的想法，它经常出现在我的脑海里，但是，我从来没有看到它表达出来（这也许是一个愚蠢的想法）。在政治活动中，难道不是经常有着伦理道德吗？奠定政治基础的东西，即真实之秩序，纯粹的有关社会真实的科学，难道不就是价值吗？一位斗士，他以什么名义来决定进行斗争呢？政治实践，虽然恰恰脱离任何道德和任何心理，难道它就没有一种心理的和道德的起因吗？

（这是一种真正落后的思想，因为在把道德与政治话语①结合在一起的时候，您差不多已经 200 岁了。您出生于 1795 年，在那一年，国民公会创立了道德与政治科学研究院：陈旧的范畴、陈旧的灯盏。——但是，它在哪一点上是假的呢？它甚至不是什么假的，它不再流行了；古代钱币，它们也不是假的，它们是博物馆收藏的物件，是为一种特殊的消费——即对于古旧的消费——而保留下来的。但是，能不能从这种旧的钱币中提取一点有用的金属呢？在这种愚蠢的思想中有用的，是从中找出两种认识论的难以妥协的对立关系：马克思主义与弗洛伊德主义。）

---

① 政治话语，在巴尔特的术语中，le politique 与 la politique 具有不同的内涵："在我看来，le politique 是历史、思想，一切已经形成的和一切在说的东西的基本秩序。它是真实之维度本身。la politique 则是另外的东西，它是 le politique 在转换成重要的话语的时刻。随着我对于 le politique 的兴趣越来越浓厚，随着我对其越来越喜爱，我就越来越无法忍受 la politique。"（《全集》，第三卷，324 页）据此，我将 le politique 译为"政治秩序"，而将 la politique 译为"政治话语"。——译者注

116 词语与时髦

他不大懂得深入研究。一个词语，一个思想的外在形象，一个隐喻，总之，一种形式在数年中占有着他，他在重复它，到处使用它（例如："躯体"、"区别"、"俄耳甫斯"、"阿耳戈大船"，等等）。但是，他不大努力提前去思考他从这些词语或这些外在形象上所理解的东西（他可能会提前做，那便是为了找到新的隐喻，以代替解释）。人们不能深入研究一种陈词滥调；人们只能以新的陈词滥调来代替它。总之，这便是时髦所做的东西。这样，他便有了他自己的内在时髦、个人时髦。

词语与价值

他所喜欢使用的词语，通常是由对立关系组合在一起的词语；在配对的两个词语中，他赞成一个，而反对另一个：生产活动/产品，结构活动/结构，小说性的/小说，系统性的/系统，诗学/诗歌，有空隙的/通风的，复制品/相似物，剽窃/仿作，形象表现/再现，占为己有/产权，陈述活动/陈述，轻声细语/声音，模型/图纸，破坏/争议，关联文本/上下文，色情活动/色情的，等等。有时，问题还不只在于（两个词语之间的）对立关系，而在于（对于一个词语的）划分：汽车，在开动方面是好的，而作为物件就是坏的；演员，在其属于反自然的时候他就被人抬举，而在其属于假自然的时候他就被指责；技巧，在其是波德莱尔式的（与对于自然的坦率方式相对立）情况下就是为人所希望的，而在其像是仿制（意欲模仿这同一种自然）的时候则不被人看重。因此，"价值的刀子"就发生在词语之间，甚至在词语之中（《文本的快乐》，67 页）。

词语与颜色　117

　　在我购买颜色的时候，我只看它们的名称。颜色的名称（印度黄、波斯红、淡绿色）划出了一种属性区域，在这个区域内，颜色之准确的、特有的效果是无法预料的。这样一来，名称便成了对于一种快乐的许诺、对于一种过程的规划：在意义充实的词里总有未来。同样，当我说一个词是美的，当我因为它使我高兴而使用它的时候，丝毫不是根据它的声音的魅力或是根据其意义的新颖，或是根据两者的"诗学"组合。词语根据我将与它做某件事情的想法来占据我：这便是一种未来行为——某种类似于食欲的东西——在轻微抖动。这种欲望动摇了言语活动的整个静止的图画。

符号学的历史。

神力词语

在一位作者的词汇里，难道不总该有一个神力词语，即一个其热烈的、多形式的、难以掌握的和像是神圣的意指，能够产生人们可以赖以答复一切的那种错觉的词语吗？这个词语既不是远离中心的，也不是中心的；它是确定的和有倾向的、漂移的、从来没有确定位置的、总是无固定地点的（躲避任何地点）、既是剩余物又是补加物；它是占据任何所指位置的能指。这个词语在他的作品中逐渐出现；它首先被对于真实（故事的真实）的要求所掩盖，然后又被对于有效性（系统和结构的有效性）的要求所掩盖，现在，它充分发展了。这个神力词语，即"躯体"一词。

过渡词

词语如何变成价值呢？在躯体的层面，有关躯体词语的理论在《米什莱》中已经提供了。这位历

史学家的词汇，即他的价值词语的一览表，是通过
一种肌体轻微抖动，即对于某些历史学家的躯体的
爱好和厌烦来组织的。它是借助于一种富于变化的
连带关系的交替、一些"珍贵的"词语、一些"得
力的"（根据该词在魔术方面的意义）词语、一些
"美妙的"（光彩的和快乐的）词语来这样自我创
造。它们是一些"过渡的"词语，类似于儿童一个
劲地吸吮的枕头边和床单角。也像是对于儿童那
样，这些词语构成了游戏场地的一部分，而且，像
是那些过渡性物件一样，它们具有不确定的地位。
实际上，它们导演的是对象和意义的一种缺位：尽
管它们的外形很坚固，它们的重复是那么有力，但
它们是一些模糊的词语、漂浮的词语，它们致力于
变成一些偶像。

中间性词语　118

　　说话的时候，我不敢确信我能找到准确的词，
我更尽力避开笨拙的词。可是由于我担心过早地放
弃真实，我便固守中间性词语。

自然性

　　对自然性的幻觉，不停地被揭露（在《神话
学》中、在《服饰系统》中，甚至在《S/Z》中

说过，外延重新回到了言语活动的本性方面）。自然性根本不是身体本性的一种属性，它是一种社会多数炫耀自己的借口：自然性是一种合法性。由此，非常有必要在这种自然性的名下，并按照布莱希特的"根据规则滥用"的说法来使法则出现。

人们可以在罗兰·巴尔特自己的少有的情况里看到这种批评的根源。他总是属于某种少数，属于社会的、言语活动的、欲望的、职业的、在从前甚至属于宗教的某种边缘（他当时对自己在一个由小天主教教徒们组成的班级里是新教徒并非无动于衷）。这种情况无任何严重性而言，但它多少标志着整个的社会存在：在法国，有谁不认为只有是天主教教徒、正式婚配和具有高学历才是自然的呢？在这种公共一致性的图表之中，哪怕有一点点空缺，都会构成人们称之为社会褥垫的微小褶痕。

我可以以两种方式起而反对这种"自然性"：或者像一位法学家那样，要求得到多数人的法律，以反对一种无我和为对付我而制定的权利（"我同样，我也有权……"），或者借助于一种超前的违规行为来破坏多数人的法律。但是，他似乎古怪地待在两种拒绝态度的十字路口：他涉嫌违规行为和具有个体主义的情绪。这一点提供了一种仍然是理性的反本性的哲学，而符号是这种哲学的理想对象：

因为揭示或颂扬这种对象的任意性是可能的；占有
一些编码同时又不无怀恋地想象人们有一天会废
除它们，是可能的——就像一匹时快时慢的获胜
希望不大的赛马，我可以根据我意欲与大家在一
起或是保持距离的心态来进入或是离开深重的社
会性。

新的与新式的

　　在他看来，当法兰西语言有时为他提供一些在
意义上既接近又有区别的成对词语的时候，他的偏
向性（即对他的各种价值的选择）就具有了能产
性——在成对的词语中，其中一个指他所喜欢的，
另一个指他所不喜欢的，就像同一个词清扫着语义
场并且以其尾部的一个敏捷动作来了一个 180 度大
转弯那样（还是那种结构：聚合体的结构，从总的
方面来讲就是他的欲望）。新的/新式的也是这样：
"新式的"是好的，这是文本的快乐的活动，在社
会制度受到倒退威胁的任何社会里，革新都被历史
证实是正确的。但是"新的"就不好了：一件新衣
服要费劲才能穿好，新衣服穿上后使人颈背不适，
与躯体相肘，因为它取消空隙，而对空隙的某种利
用则是保障。新式的可以不完全是新的，就像艺
术、文本、衣服的理想状态那样。

119

中性

中性不是主动与被动的平均状态；它更可以说是一种往返、一种非道德的震动，简言之，如果我们可以这样说的话，它是一种与二律背反相反的东西。作为价值（出自激情范畴），中性与力量相一致，社会实践借助于这种力量清扫和不去实现那些学究式的二律背反。

中性的外在形象：排除了任何文学戏剧的平直写作、亚当式的言语活动、令人惬意的非意指活动、平滑性、真空和无伤痕、散文（米什莱描述过的政治范畴）、谨慎、被废除的或至少是变成不可修复的"个人"的空缺、意象的不存在、取消判断和诉讼、位移、拒绝"提供一种内容物"（即拒绝任何内容物）、精巧原则、偏差、享乐。总之，是避开甚至破坏炫耀、控制和威吓，或使其变得滑稽可笑的一切东西。

不存在本性。首先，一切都归于一种假本性（多格扎、自然性，等等）和一种反本性（我的全部的个人乌托邦）的斗争：一种是可憎恨的，另一种是可希望的。可是，在后来的时间里，这种斗争本身在他看来就太戏剧性了。于是，这种斗争被对于中性的保护（即欲望）所沉重地拒绝并隔开。因此，中性不是一种既是语义的又是有争执的对立关系的第三项——零度；它在言语活动语链的另一个阶段上是一种新聚合体的第二项，而这种新聚合体的暴力（斗争、胜利、戏剧、傲慢）便是其饱和项。

主动性与被动性

男性的/非男性的：这一对著名的词语，由于它影响着整个多格扎，所以它概括了所有的交替游戏——意义之聚合游戏和炫耀之性别游戏（任何形式完整的意义都是一种炫耀：成对组合与置于死地）。

"困难并不在于按照一种或多或少极端自由主义的设想来解放性别关系，而在于从意义中去掉性别关系，其中包括从作为意义的违规行为之中去掉性别关系。您可以看一看阿拉伯国家的情况。人们通过进行相当容易的同性恋来随意地违犯某些'良好的'性别规则……但是，这种违规行为无情地要服从于一种严格意义上的制度。于是，同性恋，即违规之实践，便直接地在它自身……重新产生人们可能想象的最为纯正的聚合体，即主动/被动、占有/被占有、嘲笑者/被嘲笑者、借钱者/被借钱者……的聚合体"（《离题》，1971）。因此，在这些国家里，交替是纯粹的、系统的；交替没有任何中性项或复合项，就好像不可能在这种排他关系（不是……就是……）上想象终端项一样。然而，这种交替，尤其被资产阶级或小资产阶级的小伙子们所

120

词语化。因为这些小伙子处于腾达之势，他们需要一种既是萨德式的（肛门的）又是明确的（在意义上得到确定的）话语，他们希望有一种意义和性别的纯粹的聚合体，这种聚合体无流逝、无错误、无向着边缘的溢出。

可是，一旦交替被拒绝（一旦聚合体被模糊），空想即开始：意义与性别变成了一种自由游戏的对象，根据这种游戏的意义，（多义的）形式和（色情的）实践，由于是从二元的禁锢中解放出来的，所以便随即处于无限扩张的状态。因此，便可以产生一种贡哥拉①式的文本和一种快乐的性欲。

适应

在我阅读的时候，我要适应：不仅仅是用我的眼睛的晶状体，而且也用我的理解力的晶状体，以便获得好的意指层面（即适合我的层面）。一种讲究的语言学不该再过问"信息"（让"信息"见鬼去吧！），而应该过问各种适应，这些适应无疑是通过层面和界限来进行的：每个人就像一只眼睛，都使自己的思想屈从，以便在文本的整体之中获得可理解性，而他则需要这种可理解性来认识、来享有，等等。在这一点上，阅读是一种工作：有一块

---

① 贡哥拉（Luis de Góngoray Argote, 1561—1627），16 世纪西班牙诗人。其文体矫揉造作，喜欢用冷僻字和夸张的譬喻。——译者注

肌肉在使阅读屈从。

　　只是当他极目远望的时候，正常的眼睛才不需要适应。同样，如果我无止境地阅读一篇文本的话，我就不再需要在我身上做任何屈从。这便是在所谓的先锋文本面前假设发生的事情（请不要尽力适应，因为，您将什么都看不到）。

神意　*121*

　　偏爱波德莱尔的一句话，这句话已被引用过多次（尤其在关于兰开夏式摔跤的文本中）："动作在生活的重大场合中具有夸张的真实。"他把这种姿态的过分情况称为神意（它是宣布人类命运的神的无声的动作）。神意，即被固定的、被永久化的、被设有圈套的歇斯底里，因为最后，人们用一种长久的目光把它看成静止的和连在一起的。由此，产生了我对于姿态（只要它们是被框住的）、对于高贵的绘画、对于感人的描述、对于向天上仰望的眼睛等的爱好。

事物进入话语之中

　　智力事物与纯粹精神上的"观念"、"概念"不同，它通过在能指上的某种掂量来自我创造：我只须严肃地对待一种形式（词源、派生现象、隐喻）

就可以为我自己创造出某种思想—词语，而这种思想—词语就像是传环游戏①中的圆环一样在我的言语活动中奔跑。这个思想—词语既是有投入的（即被希望的）又是表面的（人们使用这个词语，但不去深入研究它）。它具有一种习惯性的存在方式。似乎在某一个时刻，我已经以我的符号将其命名了。

他认为，从读者方面考虑，在随笔性话语中不时地出现一种色情事物是合适的（在《少年维特之烦恼》②中，突然出现了用黄油烹炒的青豌豆和人们剥皮并分开橘瓣的一个柑橘）。两种好处：一种物质性的奢华出现和失调——印在智力的低声细语上的突然的间隙。

米什莱给他提供了榜样：解剖学话语与山茶花之间有什么关系呢？——米什莱说："一个儿童的大脑，只不过是山茶花奶质的花。"由此，在借助于不合常规的列举来写作的同时，便形成了自娱自乐的习惯。难道没有某种躯体的快感可以像芳香的梦境一样使"野樱桃、桂皮、瓦尼拉香草和克斯莱斯白葡萄酒、加拿大的茶叶、熏衣草香料、香蕉"进入一种社会逻辑的分析（论文《关于列维-斯特劳斯的两部书》，1962）之中吗？难道没有某种躯

---

① 传环游戏（furet），参加者围坐一圈，相互传送一个小环，由站在圈内的人猜想环在谁的手中。——译者注

② 《少年维特之烦恼》：德国作家歌德青年时期的小说。——译者注

体的快感可以借助于埃尔泰①赖以组成其字母表
(《埃尔泰》序，Erté，68 页）的"翅膀、尾巴、臀
肉、羽饰、头发、披肩、烟气、皮球、裙摆、皮带
和面纱"的幻觉从一种沉重的语义论证之中解脱出
来吗？或者，难道没有某种躯体的快感可以在一种
社会学杂志之中加入嬉皮士们穿的"锦缎裤子、挂
毡大衣、在不眠之夜穿的长衬衣"（论文《文化批
评举例》，1969）吗？为了使您具有只是重新复制
它的勇气，让"淡蓝色的烟圈"进入批评的话语，
这难道还不够吗？

（因此，有时在日本的俳句中，写出的词语的
行列突然地开放，这正是富士山或一条沙丁鱼的图
案来客气地占据被放弃的词语的位置。）

气味

在普鲁斯特的作品中，五分之三的意义是引导
回忆。可对于我来说，除了实际上并不响亮但因其
细微而更具芳香的嗓音之外，回忆、欲望、死亡、
不可能的回返，都不属于这种情况。我的躯体并不
行走在海滨小城巴勒百克（Balbec）的甜点、石板路
面和毛巾的故事之中。对于不能再回来的东西，只
有其气味可以重新回到我身旁。因此，关于我在巴

---

① 埃尔泰（Romain de Tirtoff，Erté，1892—1990），为俄罗斯裔法国画家和装饰
家。——译者注

约纳市的童年的气味，就像被曼陀罗①所围住的世界那样，整个巴约纳都被收拢在一种合成的气味即小巴约纳（尼维河与阿杜尔河之间的居民区）的气味里了：制造凉鞋的工人加工的绳子、黑暗的杂货商店、老树的树脂蜡、不透风的楼梯口小屋、身穿黑色衣服甚至连扎头发的手绢也是黑色的年迈的巴斯克妇女、西班牙食用油、潮湿的手工作坊和小店铺（装订书籍的铺子、五金店铺）、市图书馆（我在那儿的苏埃道纳②和玛尔西亚勒③的作品中学会了性）图书上的灰尘、博西耶尔公司正在修理的钢琴的黏胶味、巧克力的某种气息、城市的垃圾，这一切都是持久的、历史的、乡下的和南部的。（《听写》）

（我疯狂地回想起这些气味，这是因为我在变老。）

从写作到作品

自负的圈套：让人相信他同意把他写的东西看成是"作品"，从写作物的偶然性过渡到一种单一产品的卓越性。"作品"一词已经是想象物。

矛盾恰恰就在写作与作品之间（在他看来，文本是一个宽宏包容的词：它不接受这种区分）。我继

---

① 曼陀罗（mandala），梵语，指主要由圆和正方形组成的图案，在佛教上，象征物质世界与神灵之间的关系。——译者注

② 苏埃道纳（Suétone，69—126），拉丁历史学家。——译者注

③ 玛尔西亚勒（Martial，40—104），拉丁诗人。——译者注

续、无终止地、无期限地享受写作，就像享受一种
永久的生产、一种无条件的分散、一种诱惑能
量——一种我在纸上对于主体进行的任何合法的禁
止都不能使之停下来的诱惑能量。但是，在我们这
样的唯利是图的社会里，必须达到一种"作品"的
程度——应该构成即应该完成一种商品。在我写作
的过程中，写作属于每时每刻都被其必须促成的作品
所平淡化、庸俗化和加罪的东西。作品的集体意象为
我设置了所有的圈套，怎么克服这些圈套来写作
呢？——那只有盲目地写作。在茫然的、疯狂的和加
劲的写作的每一时刻，我只能对我说萨特在《密谈》
（*Huis-clos*）一书的结尾处说的话："让我们继续吧。"

写作是一种游戏，我借助于这种游戏将就着回
到一个狭窄的空间：我被卡住了，我在写作所必要
的歇斯底里与想象物之间发奋，这种想象物在监
督、在抬高、在纯净、在平庸、在规范、在改正、
在强求对于一种社会沟通的考虑（和看法）。一方
面，我希望人们向往我，另一方面，我希望人们不
向往我：既是歇斯底里的，又是强迫性的。

然而，我越是向作品发展，我就越是掉入写作
之中。我甚至接近了写作的难以支撑的底部，发现
了一处荒凉，出现了某种致命的、令人心碎的丧失
同情心的情况：我感到自己不再是富有同情心的（对
于别人，对于我自己）。正是在写作与作品之间的这种
接触上，艰难的真实在我面前出现了：我不再是个孩
子了。或者，这就是我所发现的对于享乐的禁欲吗？

123

"大家都知道"

一个看起来属于赘词的表达方式（"大家都知道"，"我们知道"），放在某些开篇的前面。它为通常的舆论、公共的认识带来它据以展开的命题：它的任务在于反对平庸性。通常情况下，它所应该克服的，并不是通常舆论的平庸性，而是它自己的平庸性；它所产生的话语首先是平庸的，正是在反对这种最初的平庸性的时候，他一点一点地写作。他想必要描述一下他在丹吉尔的一家酒吧里的情况吧？他认为他首先要说的，就是那是一个"内心言语活动"的场所：这真是一个漂亮的发现！于是，他便试图摆脱这种使他产生惰性的平庸性，并在这种平庸性上标记下与他的欲望有某种关系的微小的想法：句子！这种事物一经命名，一切便都得救了；不论他写什么（这并不是一个能力问题），那都将是一种被赋予意义的话语，因为在这种话语里，躯体将会出现（平庸性，即无躯体的话语）。

总之，他所写的东西，是以一种修正的平庸性来进行的。

模糊与透明

解释之原则——这部作品进入两个极限之中：

——初极极限：具有模糊的社会关系。这种模糊状况，立即就在俗套（学校作文的强迫的修辞形式，《写作的零度》里提到的共产党人的小说）的沉闷形式的作用下被揭示。接着，就是多格扎的数不尽的其他形式。

——终极的（空想的）极限，具有透明度：温馨的感觉、祝愿、对休息的渴望，就好像社会对话的固定形式有一天能够被阐述、被减轻、被照亮，直至看不见。

1. 社会的划分产生一种模糊性（明显的悖论：凡是从社会方面过分划分的地方，那里就显得模糊、笼统）。

2. 主体使用所有他能使用的方式来对付这种模糊性。

3. 可是，如果他本身是一个言语活动主体的话，他的斗争就不能直接获得政治出路，因为这便是重新找到那些俗套的模糊性。因此，这种斗争就采取一种世界末日论的动作：他便彻底地分割、激化整个价值游戏，同时，他在凭空想来体验——我们可以说：他在呼吸——社会关系的终极透明度。

124

反衬

作为对立关系的外在形象，作为二元论的极端形式，反衬是意义的自身表现。我们可以摆脱反衬：或者通过实现中性，或者通过避开真实（拉辛的心腹想废除悲剧的反衬，《论拉辛》，61 页），或者通过补加（巴尔扎克补加萨拉辛式的反衬，《S/Z》，33 页），或者通过发明一个第三项（回避）。

可是，他本身也经常地求助于反衬（例如："为了装饰，在橱窗上摆设自由；为了形成制度，在自身建立秩序"，《神话学》，133 页）。还有矛盾吗？——当然还有，而且这种矛盾总是得到同样的解释：反衬是对言语活动的偷窃——我为了我自己的暴力，为了为我自己的意义，我借用日常话语的暴力。

起源的破坏

他的工作不是反历史的（至少他这样希望），却总是顽固地反遗传的。因为起源是本性的一种有害的外在形象：通过一种相关的滥用，多格扎整体地"破坏"起源和真实，以便组成一个唯一的证据，起源与真实根据一种方便的回转门而互相接济：既然人文科学在寻找任何现象的源头（起源与真实），那么，它们不就是词源学的吗？

为了破坏起源，他首先彻底地使本性具有文化色彩：没有任何的自然性，也没有任何地方存在自然性，而只有历史性；而后，他把这种文化（他像邦弗尼斯特①一样确信任何文化都只不过是言语活动）放回到话语的无限运动之中，这些话语一个叠加在另一个之上（而不是再生的），就像在叠手游戏中那样。

价值的波动

一方面，价值在控制，在决定，在分离，在把好放在一边，把坏放在另一边（新的/新式的，结构/结构化，等等）：世界具有很强的意蕴能力，因为一切都被放进了喜欢与不喜欢的聚合体之中了。

另一方面，任何对立关系都是可疑的，意义在疲劳，它要休息。价值由于武装一切，便被解除武装，它在一种空想之中被吸收：不再有对立关系，不再有意义，甚至不再有价值，而这种废除是彻底的。

125

价值（意义便与之在一起）就这样波动，没有休止。作品整体地在一种善恶二元论的外表（当意义是很强的时候）与一种怀疑论的外表（当人们希望免除它的时候）之间跛行。

反多格扎

（对于悖论的纠正。）

---

① 邦弗尼斯特（Emile Benveniste，1902—1976），法国语言学家。——译者注

在智力领域里，它控制着一种强烈的分裂主义：人们针锋相对，但人们仍然待在同一个"簿记"里。在动物的神经心理学方面，簿记是一个动物的行为所依据的全部考虑。为什么向老鼠提出人类才有的问题，难道是因为人类的簿记就是老鼠的簿记吗？为什么向一位先锋派画家提出教授才有的问题呢？反多格扎的实践在一种略微有别的簿记中发展，这种簿记更可以说是作家的簿记。人们不反对命名的、分裂的价值；对于这些价值，人们顺沿着它们、逃开它们、躲避它们：人们巧妙地摆脱。严格地说来，这不是一种反方向行走（然而这是傅立叶的一个使用得便的词）；担心就在于怕落入对立之中、挑衅之中，也就是说落入意义之中（因为意义从来就只是一种反终结的松扣活动），这也就是说：落入汇集所有对立面的语义连带关系之中。

偏执狂的轻微动力

偏执狂的不引人注意的、极不引人注意的动力：当他写作的时候（也许所有的人在其写作的时候都是如此），他与某种东西、某个没有指明的人（只有他才能指明的人）保持距离。在一个通常的、口气平缓的句子刚出现的时候，有过什么报复心很强的动因呢？写作在这里、那里都不是隐隐约约的。动机被擦掉了，效果存在着：这种减弱在确定着审美话语。

说话与拥抱

  按照勒鲁瓦-古朗①的假设，只有当人在走动时不再用他的四肢并因而在捕食时不再用他的嘴的时候，他才得以说话。我要加上：并且在可以拥抱的时候。因为，发音器官同时也是亲密的器官。人过渡到能站立的阶段之后，他便自由地发明言语活动与爱情，这也许就是在人身上同时出现的双重反常情况：言语与亲吻。在这一点上，人类越是摆脱（他们的嘴巴），就越是能说话和能拥抱。而且从逻辑上讲，由于进步，在当人类摆脱了任何手工劳动任务的时候，他们就将只需聊天和拥抱！

  这种双重的功能处在同一位置，我们在这种双重功能上想象一种单一的违犯情况，这种违规行为有可能产生于对于言语和接吻的同时使用：拥抱时说话，说话时拥抱。应该相信，这种快感存在着，因为情人们不停地"在钟爱的嘴唇上酗饮言语"。这样，他们所品味到的，是意义的游戏在情爱的斗争之中的出现和中断：功能被搞乱。一句话：躯体在含混不清地说话。

126

---

  ①　勒鲁瓦-古朗（André Leroi-Gourhan，1911—1986），法国人种学家和史前史学家。——译者注

过往的躯体

"一天晚上，在酒吧的一个小凳子上半睡半醒？……"（《文本的快乐》，79页）下面是我在丹吉尔的"夜总会"里做的事情：我在那里睡了一会儿。可是，在城市的小小的社会关系之中，夜总会被誉为清醒和行动的场所（要说，要沟通，要与人相遇，等等）。在这里，夜总会反而是一处不大令人分心的场所。这个空间并不是无躯体，甚至躯体是很靠近的，这一点很重要；但是，那些躯体，由于是匿名的，由于活跃的动作不大，而使我处于一种无所事事、不负责任和漂浮的状态之中。大家都在那里，却没有任何人要求我做什么。我在两个赌盘上压注。在夜总会里，别人的躯体从来不转变成（公民的、心理的、社会的……）"个人"。别人的躯体建议我去跟他散步，而不是去与他会话。夜总会就像特别适应我的肌体组织的一种毒品，它可以变成我的句子的工作场所。我不梦想，我夸夸其谈：是被注目的躯体，而不再是被倾听的躯体。因为这种躯体在我的言语活动的生产与这种生产所依靠的漂浮的欲望之间承担起（接触的）维系功能，即一种醒觉关系，而非信息关系。总之，夜总会是一种中性的场所。它是第三项的乌托邦，是远离过分纯粹的说话/沉默这一对词语的偏移活动。

在火车上，我产生了这样一些想法：人们在我

的周围走动，而过往的那些躯体就像一些为人提供
方便的人那样在行动。在飞机上，则完全相反：我
是一动不动的、挨挤着坐着的、盲目的；我的躯体，
并因此连同我的智力都是死了的——听从我安排的，
只有空姐的光闪闪的、不常在的躯体在走来走去，
空姐就像是托儿所的一位阿姨在摇篮之间漠然走动。

游戏，模仿 *127*

在他于自己身上保持的众多的妄想之中，这种
妄想是持久的：他爱玩，因此他有玩的能力。然
而，除了他上中学的时候［谈论克里东①的《第一
篇文本》（Premier texte），1974］，他从来不进行
模仿（至少不自觉地去模仿），尽管他经常想模仿。
对于这一点，他可能有一种理论依据：要是使主体
受挫，那么，玩就是一种妄想的方法，甚至是与这
种理论依据所寻求的相反的一种效果的妄想方法。
游戏的主体比任何时候都稳定；真正的游戏不在于
掩盖主体，而在于掩盖游戏本身。

杂色方格布

要评论我自己吗？太烦人了！我只有把从远

---

① 克里东（Criton），公元前 5—前 4 世纪的雅典富豪，苏格拉底的弟子和朋
友。——译者注

处——从很远处、从现在重新——写作我自己作为解决办法：在书籍里、在主题上、在回忆里、在文本里加入一种新的陈述活动，而我从不需要知道我所说的是我的过去还是我的现在。于是，我在已写的作品上即过去的躯体和材料上，在刚刚触及作品的情况下，就放置某种杂色方格布（patch-work），即一种手缝的方块组成的富有狂想的盖单。我不去深入研究，我待在表面上，因为这一次是（自我的）"自我"，而深入研究则属于别人。

颜色

通常的舆论总是希望性别关系是挑衅性的。因此，对于一种快乐的、温柔的、肉感的、狂喜的性别关系的想法，人们在任何文本中都找不到。那么，在什么地方能读到这种想法呢？在绘画之中，或者更可以说：在颜色之中。如果我是画家，我就只画出颜色：在我看来，这个领域似乎也摆脱了规律（没有了模仿，没有了类比）和自然界（因为自然界的所有颜色不都是来自画家吗?）。

是被分割的个人吗?

对于经典的形而上学来讲，"分割"个人是没有任何不便的（拉辛说过："我身上有两个人"）；恰恰相反，个人因为具有两个相反的极限，所以他就像一个很好的聚合体（高/低，躯体/精神，天空/大地），相互斗争的部分在建立一种意义即人的意义的过程中实现和解。因此，当我们今天谈论一个被分割的主体的时候，丝毫不是为了承认其简单的矛盾、其双重的假设，等等；这里所考虑的，是一种衍射，即一种散开，在散开的过程中，既不再有意义的核心，也不再有意义的结构：我不是矛盾的，我是分散的。

您如何解释、如何允许这些矛盾呢？在哲学上，您似乎是唯物论者（如果这个词说出来不显得太旧的话）；在伦理学上，您在自我分割；至于躯体，您是享乐主义者；至于暴力，您更可以说是佛教徒；您不喜欢信仰，但您具有对于习俗的某种恋眷，等等。您是一部反应性应时文集：在您身上，有某种属于首要的东西吗？

128

您所看到的无论什么样的划分，都会在您身上引起把您自己置于图表之中的愿望：您的位置在哪里呢？您首先认为看到您的位置了；但是慢慢地，就像一个分解的塑像或是像一处被腐蚀、被铺开和解体其形式的浮雕，或者更像阿尔波·马克斯①喝水时假胡子在水中脱落的情况，您就不再是可以被排上等级的了。这并不是由于过分的人格化，而是相反，

---

① 阿尔波·马克斯（Harpo Marx，1888—1964），美国喜剧演员。——译者注

因为您看到了幽灵的所有细微部分：您在您身上汇集所谓区别性的但从此却什么都不区别的一些特征。您发现，您同时是（或轮流是）强迫性的、歇斯底里性的、偏执狂的，此外也是精神错乱的（更不要说爱情的狂热）。或者，您发现您在叠加所有没落的哲学：享乐主义、幸福主义、东方神灵论、摩尼教、怀疑论。

"一切都是在我们身上进行的，因为我们是我们，总是我们，可是没有一分钟是相同的我们。"[狄德罗：《驳斥爱尔修斯》(*Réfutation d'Helvétius*)]

部分冠词①

小资产阶级：这个宾词可以与任何主项结合，没有任何人可以躲避这种困难（这是正常的。不算书籍，全部的法兰西文化都借助这一方面）。在工人身上、在干部身上、在教师身上、在持不同政见的大学生身上、在工会和政党的活跃分子身上、在我的朋友 X 和 Y 的身上及在我自己身上，当然，都存在着小资产阶级特征：这是一个部分冠词群体。然而，它是另一种言语活动对象，这种对象表现出同样的动态的和惊慌的特征，并作为一个纯粹的部分冠词出现在理论话语之中——这便是文本。我无法说什么样的作品是文本，我只能说在这部作

① 部分冠词，法语语法术语，指表示不可数名词之特征的冠词。——译者注

品上有某种文本。于是，文本和小资产阶级就组成一种普遍的实质，这种实质在这里是有害的，在那里就是令人兴奋的；它们具有相同的话语功能，即普遍的价值操作者的功能。

巴塔伊，恐怖

总之，巴塔伊不大使我感兴趣：我用笑、用虔诚、用诗歌、用暴力要做什么呢？我对于"神圣的"、"不可能的"这样的用语都要说些什么呢？

可是，我只需把整个这种（古怪的）言语活动与我称之为恐怖的一种错乱放在一起，就可以使巴塔伊重新赢得我。这样一来，他所写的一切，都可以描述我：因为是贴近的。

129

阶段

关联文本	活动类别	著述
（纪德）	（很想写作）	
萨特	社会神话学	《写作的零度》
马克思		论戏剧的文章
布莱希特		《神话学》
索绪尔	符号学	《符号学原理》
		《服饰系统》
索莱尔斯		《S/Z》
朱丽娅·克里斯特娃	文本性	《萨德·傅立叶·罗犹拉》

续前表

关联文本	活动类别	著述
德里达、拉康		《符号帝国》
（尼采）	道德观念	《文本的快乐》
		《罗兰·巴尔特自述》

提示：

1. 关联文本不一定是一种影响领域；它更是外在形象、隐喻、思想—词语的一种音乐，它是如同美人鱼那样的能指。

2. 道德观念甚至应该被理解为道德（这是处在言语活动状态的躯体的思想）的反义词。

3. 首先是（神话的）介入，接着是（符号学的）虚构，随后是片断和句子的涌现。

4. 显然，在这些时期中，有一些部分重叠、回返、亲合、延存，通常说来，是（在杂志上发表的）文章在确保这种连接作用。

5. 每一个阶段都是反应性的：作者或者对于围绕他的话语做出反应，或者对于他自己的话语做出反应——如果这一种情况和那一种情况开始过分稳定的话。

6. 正像有人说的，新的来，旧的去，一种错乱来了，神经官能症就没有了：继政治顽念和道德顽念之后而来的，是反常的享乐（彻底的偶像崇拜）刚刚结束的一种轻微的科学狂热。

7. 把一段时间、一部作品分割成演变阶段，尽管是一种想象的做法，但可以使人进入智力沟通的游戏之中：人们把自己变成可理解的了。

结构主义时髦。

　　时髦触及躯体。借助于时髦，我像是闹剧、像是漫画一样重新返回到我的文本之中。某种集体的"本我"代替了我认为有关我的图像，于是，我就是"本我"。

130 一个句子的有益效果

　　X先生对我说，有一天，他决定"使自己的生活摆脱不幸的爱情"，并说这个句子在他看来说得非常之好，以至于它几乎足以补偿在他身上引起的失败。于是，他保证（并向我保证）更好地利用存在于（审美的）言语活动之中的这种反话储库。

政治文本

　　主观地讲，政治秩序是烦恼和（或）享乐的一种延续的起因；此外，而且实际上（也就是说不顾政治主体的傲气），这是一种持续多义的空间、一种持久性解释的优越场所（如果一种解释是充分系统化的，那么，它就永远不会被推翻，永远如此）。从这两种确认可以得出结论，政治秩序具有纯粹的文本性：文本的一种过度的、过分的形式，一种未曾听说过的形式，这种形式借助于充溢和掩盖的程度也许超过我们对于文本的现时理解。由于萨德曾经生产过最纯粹的文本，所以我认为我懂得了，政治秩序会像萨德式的文本那样使我高兴，也会像性虐待狂式的文本那样使我扫兴。

字母表 *131*

　　字母表的意图：采用字母的排列把片断连接起来，这便是信赖那种构成言语活动之荣耀的东西（而这却使索绪尔失望）。这是一种无动机的（即在任何模仿之外的）秩序，尽管它不是任意的（因为大家都知道它、承认它和在它身上意见一致）。字母表是令人惬意的：制订"计划"的烦恼、"内容展开"的夸张、歪曲的逻辑都不用了，论述也不用了！每一个片断一个思想，每一个思想一个片断，而对于这些原子的排列，只按照法语字母的千年不变的和不可思议的顺序（法语字母同时也是荒诞的即失去意义的对象）。

　　他不定义一个单词，而是命名一个片断；他的所为甚至与词典相反：单词来源于陈述，而不是陈述由单词派生。我从词汇汇编中只保留其最严格的原则，即其各个单位的顺序。可是，这种顺序可以是恶作剧的：它有时会产生意义的效果，而如果这些效果不是所希望的，那就应该破坏字母表，以便获得一个更好的规则——（变异逻辑的）断裂的规则：要阻止一个意义的"形成"。

我想不起顺序来了

　　他大体上想得起他写作这些片断的顺序；但

是，这种顺序出自何处呢？它依据何种分类、何种
连接方式呢？这些他就想不起来了。字母排列的顺
序消除了一切，使任何起因退居到第二位。也许在
有些地方，某些片断似乎因相互关联而排序；然而
重要的是，这些短小精悍的网系是不衔接的，它们
并不逐渐地进入唯一的大网系之中，这种网系便是
本书的结构、本书的意义。正是为了中止、偏移和
分离话语向着命运的下滑，在某些时刻，字母顺序
才提醒您有（打乱的）顺序存在，并对您说："割
断！换个方式来读故事。"（但也有时，因为相同的
原因，又必须打乱字母顺序）

作为多题材的作品

我在想象一种反结构的批评。这种批评不寻
求作品的秩序，而是寻求其无秩序。对于这一点，
他只需把整个作品看成一种百科全书就可以了：
每个文本难道不可以通过其借助于通常的邻接外
在形象（换喻和连词省略）而组成分散的（认识、
色欲）对象的数目来确定吗？作为百科全书，作
品在减弱一种不合规则的对象的清单。并且，这
个清单便是作品的反结构，即其模糊的和疯狂的
多题材性。

言语活动—牧师 *132*

在宗教仪式方面，难道当一名牧师就是非常令人厌恶的吗？至于信仰，有哪一位人类主体可以预言，有一天，他将不会与其在这一点或在那一点上的"信仰"经济学相一致呢？这一点，对于言语活动来讲就可能行不通：言语活动—牧师，那是不可能的。

可预见的话语

对于可预见的话语感到厌烦。可预见性是一种结构范畴，因为提供把言语活动作为其场景（人们发明言语活动就是为了叙事）的等待方式或相遇方式（简言之：悬念方式）是可能的。因此，人们可以根据其可预见性的程度来建立话语的一种类型学。死人的文本：冗长的文本，在这种文本里，人们不能改变一个词。

［昨天晚上，在写了上面的话之后，在饭店里，在旁边的餐桌上，两个人在说话，声音一点都不大，但是清晰有力，很有鼓动性，音色很美，就像他们在朗诵学校里学过如何在公共场所让旁人听到他们讲话一样。他们说的一切，句句清晰（关于他们的几个朋友的名字，关于帕索里尼①最近的一部影片），

---

① 帕索里尼（Pier Paolo Pasolini，1922—1975），意大利作家和电影艺术家。——译者注

都绝对地是与场合相宜的、预先安排好的：在多格扎式的系统里无一处缺陷。在不选定任何人的声音与严厉的多格扎之间建立这种协调：这是多嘴多舌。〕

写作计划

（这些想法属于不同的时期）：《欲望日记》（*Journal de Désir*，欲望在现实领域中一天接一天的情况）。《句子》（*La Phrase*，关于句子的意识形态与色情）。《我们的法兰西》（*Notre France*，今日法国的新神话，或者更应该说：我作为法国人是幸福的还是可悲的?）。《爱好者》（*L'amateur*，记录我画画时发生的事情）。《关于恫吓的语言学》（*Linguistique de l'Intimidation*，论及价值，论及意义之战）。《数不尽的幻觉》（*Mille Fantasmes*，写出他的幻觉，而非其梦幻）。《知识分子的品性》（*Éthologie des Intellectuels*，与蚂蚁的习俗具有同等的重要性）。《同性恋话语》（*Le Discours de l'homosexualité*，或者是：同性恋的各种话语，或者更可以说是：各种同性恋的话语）。《饮食百科全书》（*Encyclopédie de la Nourriture*，营养学、历史、经济、地理分布，而尤其是象征性）。《名人的一生》（*Vie des hommes illustres*，阅读多种传记和收集多种特征，就像他曾经对于萨德和傅立叶做过的那样）。《视觉俗套集》（*Recueil de Stéréotypes visuels*，"看见一位马格里布人，穿着一身黑衣，《世界报》夹在胳膊下，为一位坐在咖啡馆里的金发少女摆正椅子"）。《书与生活》（*Le Livre/la Vie*，拿一本经典书籍，在一年中把书中的一切与生活联系起来）。《偶遇琐记》（*Incidents*，短小文本、短信、俳句、笔录、意义游戏，一切像树叶一样落下的东西），等等。

与精神分析学的关系　*133*

他与精神分析学的关系，并非是认真的（然而，他却不能自夸无任何争议、无任何拒绝）。这是一种不明确的关系。

精神分析学与心理学

精神分析学为了能够说话，就必须获得另外的一种话语，即有点笨拙的话语，因为这种话语还不是精神分析学的。这种有距离的话语，这种后退的话语，由于它还受制于旧的和修辞学的文化，所以从名称上讲，它在此还是心理学的。总之，心理学的功能应该是精神分析学的很好的对象。

（讨好超越您的人。在路易-勒-格朗中学上学的时候，我有一位历史老师，由于像每日需要服用毒品那样需要学生给他起哄，他便固执地给学生提供无数次大声喧闹的机会：谎言，天真举止，双关语，模棱两可的姿态，甚至露出他借以突出所有这些偷偷挑衅的行为的悲苦表情。学生们在很快明白了这一点之后，就在好几天内极其残忍地不给他起哄。)

"这意味着什么？"

对于任何甚至最不起眼的现象，持久的（和幻觉的）激情不是提出孩子的问题：为什么？而是提出古希腊语的问题、意义的问题，就像所有的东西都多少带有意义那样：这意味着什么？应该不惜一切代价把现象变成观念、变成描述、变成解释，一句话，为其找到它的名称之外的另一个名称。这种怪癖产生的并不是无价值的含义。例如，如果我注意到——而且我急切地注意到——在乡下，我愿意在菜园中而不是在别处撒尿，我就立即想知道这意味着什么。为最简单的事物赋予意义的这种狂热，从社会角度看，就像是以瑕疵来标记主体：不应该摘掉名词的语链，不应该拆开言语活动的语链。过分命名总是滑稽可笑的（茹尔丹先生[①]、布瓦尔和佩居榭）。

（甚至就在这本书里，除了《暂歇：回想》一节——这恰恰是其代价，我们在不使任何东西具有意蕴的情况下就不予以介绍。我们不敢把事实置于

---

① 茹尔丹（M. Jourdain）先生，又译汝尔丹先生，莫里哀喜剧《贵人迷》（*Le Bourgeois gentilhomme*）中的人物。——译者注

非意指活动的状态之中，它是寓言的活动，这种寓言从任何真实片断中引导出一种寓意、一种意义。一本相反的书有可能被构想：这本书能讲述无数的"偶遇琐事"，同时禁止从中有一天获得一条意义索；这可能正好是一本俳句集。）

何种推理？　*134*

　　日本是一种正面的价值，喋喋不休的废话是一种负面的价值。然而，日本人却喋喋不休。这没有什么关系：只需说前面的喋喋不休不是负面的就可以了（整个躯体在与您一起维持着一种喋喋不休，而对规则的完美控制在这种喋喋不休方面去掉了任何倒退的、孩子气的特性，《符号帝国》，20页）。罗兰·巴尔特恰恰在做他所说的米什莱在做的事情："当然，存在着某种类型的米什莱式的原因。但是，这种原因谨慎地被搁置在道德性的不大可能的领域之中了。这便是那些道德秩序的'需要'，是那些完全心理学的设想：希腊从前必须不是同性恋的，因为希腊是完全光明的，等等。"（《米什莱》，33页）日本人的喋喋不休必须不是倒退的，因为日本人是可爱的。

　　总之，"推理"是根据一串隐喻来进行的：他采用一种现象（内涵，字母Z），他使之承受一大批观点。代替论证的东西，是对于一个意象的展开：米什莱在"吞吃"历史，因此，他把历史"当草来嚼食"，因此，他在历史身上"行走"，等等。发生在一只行走着的动物身上的一切都将如此用在米什莱身上：隐喻性的使用将起到说明的作用。

我们可以把其词语能引导思想的任何话语都称为"诗学性的"（而不需要对其价值做出判断）。如果您喜爱词语，直至屈服于它们，那么，您就从所指之中、从新闻性写作之中退出了。严格地讲，这就是一种梦境话语（我们的梦幻捕捉在鼻子底下经过的词语，并将其组成故事）。我的躯体本身（并不仅限于我的思想）可以适应于词语，可以在某种程度上被词语所创造。我在我的舌头上看到了一片像是被擦伤的红斑，它不疼，但是它在扩大，于是，我认为我得了癌症！但是，仔细一看，这个符号只是覆盖舌面的那层淡白色黏膜的轻微脱落。我不能保证，这个排遣不掉的故事就不是被用来使用这个罕见的、由于恰当而显得美好的词语的：表皮擦伤。

退步

在这些文字中，有一些退步的风险：主体在谈论他自己（甘冒心理主义风险、自负风险），他借助于片断来陈述（甘冒格言的风险、狂妄自大的风险）。

这本书是由我不了解的东西组成的：潜意识和意识形态，它们仅以别的东西的声音来相互说话。

我不能使贯穿我的象征性和意识特征（以文本的形式）就这样来出现，因为我跟随着它们的盲目的任务（属于我自己的，是我的想象物，是我的幻觉性：由此产生了这本书）。我只能依据俄耳甫斯的方式来支配精神分析学和政治批评：从不回头，从不再看它们一眼，从不表露它们（或者很少表露：以此把我的解释重新置于想象物的历程之中）。

135

这个集子的名称（X 自述）具有一种分析性意义：通过自我来谈论自我？然而，这竟是想象物的本身程式！镜子的光线是怎样反射于我并在我身上引起反应的呢？在这种衍射区域（这是我能投以目光的唯一区域，而从不因此去排除那谈论目光的我自己）之外，有现实，而且还有象征性。至于我自己，我没有任何责任（我与我的想象物有许多事可做！）——对于他者、对于移情，因此也对于读者。

很显然，这一切都是借助于在镜子旁边出现的母亲来进行的。①

————————

① 这里，巴尔特影射的是拉康"镜像阶段"中的内容。拉康认为，六个月到十八个月之间的儿童，在面对镜子时会产生一定的反应行为。他会在镜子中认出一种形象，会根据一种求同的过程承认那就是自己的形象。因此，镜像阶段便成了一种特殊的和根本性的异化场所。不过，这种形象是外在的，正是这一形象成了"自我"的构成场所。但在这一过程中，常常是母亲抱着孩子出现在镜子面前，这样，孩子就处在了母亲的目光之下。于是，孩子便经常转向母亲，就是在这种时刻，孩子以自己的目光理解到他对于母亲意味着什么，并逐渐地从母亲（这位他者）那里得到对于这种意味的命名。因此，在他为了重新看到自己的形象而再一次转向镜子的时候，他所见到的，就不再会完全是同一个形象了，因为这时的形象已经带有了由他者命名的意指了。而此后，孩子正是用他者的这种目光来看自己的。——译者注

结构的反应性

像运动员对其良好的反应性心满意足一样，符号学者也喜欢能有力地掌握一种聚合体的运作。他在阅读弗洛伊德的《摩西与一神教》一书的时候，沾沾自喜于能突然抓住意义的纯粹的起始活动；由于这里出现的是一步一步地导致两种宗教对立的两个普通字母的对立关系：Amon① 与 Aton②，所以他的这种享乐就越来越强烈——犹太教的整个历史就位于从"m"到"t"的过渡之中。

（结构的反应性在于尽可能长时间地消退纯粹的区别，直至一种共同的躯干顶部；但愿意义在最后时刻能完全地爆发；但愿意义的胜利通过正当手段获得，就像在一种恰当的"震颤"中那样。）

支配与胜利

在社会话语即在重要的社会方言的魔窟中，我们来区分两种傲慢，即两种可怕的修辞统治方式：支配与胜利。多格扎不是胜利论的；它只满足于支配；它扩散，它确立；它是一种合法的、

---

① 亚蒙（Amon 或 Ammonites），古埃及泰伯城的主要的神。——译者注
② 亚东（Aten 或 Aton），古埃及的太阳神。——译者注

自然的控制；它是一种普遍的覆盖物，是与权力
的恩惠一起被播撒的东西；它是一种普遍适用的
话语，一种在唯一"持有"（关于某种东西的）话
语的事实中已经隐藏的吹牛方式；由此出现了多
格扎式话语与无线电传声之间的本质亲缘关系。
在蓬皮杜[①]去世的时候，连续三天，这一情况曾经
蔓延、曾经扩散。相反，战斗的、革命的或是宗
教的（在宗教当初积极活动的时期）言语活动，
是一种胜利的言语活动。话语的每一个行为都是
一种古代式的胜利：人们让战胜者与败敌成队行
走。我们可以根据他们（仍然）是在胜利之中或
者（已经）是在支配之中来衡量政治制度的保险
方式和明确其演变。应该研究 1793 年的革命胜利
论是怎样、以何种速度、根据什么外在形象来逐
渐地变得温和和被传播的，这种胜利论是怎样
"采取"、怎样过渡到（资产阶级的言语的）支配
状态的。

136

废除价值支配

矛盾：关于价值、关于连续的评价情感的冗长
的文本（这同时引起一种伦理的和语义的活动）
与——同时也恰恰因为这一点——可以梦想"毫无

---

① 蓬皮杜（Georges Pompidou, 1911—1974），法兰西共和国总统，在任时间为
1969—1974。——译者注

保留地废除价值支配"（这似乎就是禅的意图）的
一种相等能量之间的矛盾。

是什么在限制表现？

布莱希特让人把浸湿的衣物放进女演员的提篮
里，为的是使其胯骨动作准确，即具有疯癫的洗衣
女工的准确动作。这很好，但也很呆傻，不是吗？
因为压在篮子里的东西，并不是衣物，而是时间，
是故事，这个重量，如何来表现它呢？不可能表现
政治秩序：政治秩序抗拒任何模仿，而且人们无法
使模仿变得更像是真的。与对于所有社会主义艺术
的年深日久的信仰相反，在政治秩序开始的地方，
模仿就会停止。

反响

任何与他有关的词，都在他身上获得充分的反
响，而他所害怕的正是这种反响，他甚至胆战心惊
地逃避有可能关系到他的任何话语。其他人的言
语，不论是恭维性的还是非恭维性的，都一开始就
带有这种言语几乎拥有的反响。因为他了解这种反
响的起点，只有他可以测量他为了阅读一个谈论他
的文本所需要付出的努力。因此，与世界的联系总
是从一种担心开始得以获得。

成功与失败

　　在重新阅读自己作品的时候，他认为是在每一篇所写文字的结构本身标记一种特殊的划分，即成功与失败的划分。一会儿是表达的幸福，一会儿是快乐的海滩，随后又是沼泽、火山岩渣，他甚至已经开始编造名册。什么？有一本书是持续成功的？——无疑就是那本关于日本的书。与快乐的性感相对应的，自然是写作的连续的、抒发的、狂喜的幸福：在他所写的东西里，每一种都捍卫他的性感。

　　第三种情况是可能的：既不是成功的，也不是失败的，而是羞耻的。那是带有想象物标志和图案的。

138

关于选择一件衣服

　　一部关于罗莎·卢森堡①的电视片，告诉了我她有一副美丽的面孔。从她的眼睛，我产生了阅读她的书籍的欲望。而从这些开始，我能够想象一种虚构：一位知识分子主体的虚构，这个主体决定成为马克思主义者，而且需要选择自己的马克思主义：哪一种呢？属于哪一种优势、哪一种标志的呢？

------

　　① 罗莎·卢森堡 (Rosa Luxemburg, 1870—1919)，德国马克思主义者。——译者注

EPREUVES ECRITES

COMPOSITION FRANÇAISE *

Durée : 6 heures

« Le style est presque au-delà [de la Littérature] : des images, un débit, un lexique naissent du corps et du passé de l'écrivain et deviennent peu à peu les automatismes mêmes de son art. Ainsi sous le nom de style, se forme un langage autarcique qui ne plonge que dans la mythologie personnelle et secrète de l'auteur... où se forme le premier couple des mots et des choses, où s'installent une fois pour toutes les grands thèmes verbaux de son existence. Quel que soit son raffinement, le style a toujours quelque chose de brut : il est une forme sans destination, il est le produit d'une poussée, non d'une intention, il est comme une dimension verticale et solitaire de la pensée. [...] Le style est proprement un phénomène d'ordre germinatif, il est la transmutation d'une humeur. [...] Le miracle de cette transmutation fait du style une sorte d'opération supralittéraire, qui emporte l'homme au seuil de la puissance et de la magie. Par son origine biologique, le style se situe hors de l'art, c'est-à-dire hors du pacte qui lie l'écrivain à la société. On peut donc imaginer des auteurs qui préfèrent la sécurité de l'art à la solitude du style. »

R. Barthes, *Le degré zéro de l'écriture,* chap. I.

Par une analyse de ce texte, vous dégagerez la conception du style que propose R. Barthes et vous l'apprécierez en vous référant à des exemples littéraires.

* Rapport de Mme Châtelet

Les candidates ont été placées cette année devant un texte long de Roland BARTHES. On leur demandait : - d'abord de l'analyser pour en dégager les idées de Roland Barthes sur le style, - puis d'apprécier librement cette conception.

Un grand nombre d'entre elles ayant paru déroutées par l'analyse, nous insisterons sur cet exercice. Nous indiquerons ensuite les principales directions dans lesquelles pouvait s'engager la discussion.

I - L'ANALYSE

● L'analyse suppose d'abord une lecture attentive du passage proposé. Or beaucoup de copies révèlent des faiblesses sur ce point. Rappelons donc quelques règles essentielles sur la manière de lire un texte.

Puisqu'il ne peut s'agir ici d'une lecture expressive à voix haute, on conseillerait volontiers une lecture annotée, qui n'hésite pas à souligner les mots importants, les liaisons indispensables, qui mette en évidence les parallélismes ou les reprises d'expression, bref qui dégage par des moyens matériels la structure du texte. Cette première lecture n'a pour objet que de préparer l'analyse qui doit être elle-même élaborée à partir des éléments retenus.

笔 试

作 文*
时间：6小时

　　而风格则几乎在文学之外：形象、叙述方式、词汇都是从作家的身体和经历中产生的，并逐渐成为其艺术规律机制的组成部分。于是在风格的名义下形成了一种自足性的语言，它只浸入作者个人的和隐私的神话学中，浸入这样一种言语的形而下学中，在这里形成语言与事物的最初对偶关系，在这里一劳永逸地形成着其生存中主要的语言主题。风格不管多么精致，它总含有某种粗糙的东西，它是一种无目的地的形式，是一种冲动性的而非一种意图性的产物；它很像是思想之垂直的和单一的维面。……风格其实是一种发生学的现象，是一种性情的蜕变。……这种蜕变的奇迹使风格成为一种超文学的运作，它把人们带到了力量和魔术之前。按其生物学的起源来说，风格位于艺术之外，即位于把作家和社会联系在一起的那种契约关系之外。于是我们可以想象那样一些作者，他们喜爱艺术的安全性甚于风格的孤独性。

　　　　　　　　　　　　　　——罗兰·巴尔特：《写作的零度》，第一章

　　通过分析这个文本，请论述罗兰·巴尔特提出的有关风格的概念，并请参照一些文学作品来评价这一概念。

* 夏特莱（Chatelet）女士的报告。

　　今年，女考生们面对的是罗兰·巴尔特的一篇较长的文本。要求：

　　1. 分析这篇文字，找出罗兰·巴尔特有关风格的概念。

　　2. 然后，自由地评价一下他的概念。

　　女考生当中一大部分人在分析中出现了偏离，但我们坚持这一练习。我们将指出可以展开讨论的主要方向。

　　一、分析

　　首先，分析要以认真阅读所列段落为前提。可是，许多答卷告诉我们在这一点上考生是较差的。因此，有必要重提一下阅读一篇文本的基本规则。

　　既然这里不涉及一种高声的快速朗读，我们谨建议在阅读时做些旁注，可以毫不犹豫地标注出重要的词语及其必不可少的联系，这种阅读突出显示类似关系或重复的表达方式。总之，这种阅读借助于物质手段可以显示文本的结构。这一提前的阅读，仅仅是为了准备下一步的分析，而这种分析本身也是依据所获得的各种要素来进行的。

是列宁式的？托洛茨基式的？卢森堡式的？巴枯宁
式的？毛泽东式的？还是保尔迪加式①的？等等。
这位主体去一处图书馆，他阅读所有的书籍，就像
人们触摸一些衣服那样，进而选择最适合他的马克
思主义，同时准备从此之后根据一种属于他的躯体
的经济学来坚持真实之话语。

（要不是布瓦尔与佩居榭在他们所探察的每一
个图书馆里都恰好换一下躯体的话，那《布瓦尔与
佩居榭》就该是一个全新的场面了。）

节奏

他曾经一直相信这种希腊式的节奏，即苦行与
节日相互接续，一个被另一个所解开（而根本不相
信现代性的平庸节奏：劳动与休闲）。这也是米什
莱的节奏，他在他的生活与文本中，循环地死亡与
复活、循环地偏头疼与精力旺盛、循环地叙事（他
以路易十一的身份来"划桨"）与描绘（他的写作
丰富多彩）。对于这种节奏，他在罗马尼亚时有所
了解②，在那里，按照斯拉夫人或是巴尔干半岛的
习惯，人们要定期地在节日（游戏、大吃大喝、入
夜不寝，等等，即"凯夫节"）里连续三天把自己

---

① 保尔迪加（Amadeo Bordiga, 1889—1970），曾担任过意大利共产党领导
人。——译者注

② 罗兰·巴尔特曾于1947—1949年在罗马尼亚的法语学院教授过法语。——译者注

关在家里。因此，他在个人的生活里一直寻找这种
节奏。他不仅要在工作时的白天试图得到夜晚的快
乐（这有点庸俗），而且也相应地在快乐的夜晚接
近其结束时突然产生了尽快到明天以便重新开始
（写作）工作的欲望。

（需要指出，节奏不一定是规律性的：卡萨尔
斯[①]说得好，节奏即是延迟。）

不言而喻

作家的任何语句（甚至是最为大胆的语句）都
包含着一个不公开的操作者，即一个未被解释的
词，类似于与否定或疑问同样原始的一个范畴的沉
默的语素（morphème）的东西，而其意义则是：
"不言而喻！"这个信息涉及任何写作人的句子。在
每个句子里，都有一种音调、一种响声、一种肌肉
的和喉咙的张力，它们使人想到戏剧开场时的三响
或是兰克[②]的锣声。甚至作为异逻辑鼻祖的阿尔托
也这样说他所写的东西：不言而喻！

139

在萨拉芒克与瓦拉多里德之间

夏季的一天（1970），他在萨拉芒克市与瓦拉

---

① 卡萨尔斯（Pablo Casals, 1876—1973），西班牙大提琴演奏家。——译者注
② 兰克（Otto Rank, 1884—1939），奥地利精神分析学家。——译者注

多里德市①之间驾车疾驶和梦想联翩，为的是解除烦恼。出于好玩，他便想象了一种新的哲学，并立即把它命名为"偏爱论"（préférentialisme）。他当时在汽车里并没有怎么去考虑它，不论它是轻浮的，或者说是让人有犯罪感的。根据一种唯物主义原理（一种基石？），世界仅仅被看作一种编织物，被看作一个展示言语活动之革命和系统之战的文本。而且，在这种原理之中，主体由于被分散和没有构成而只能被理解为一种想象物。因此，对这种主体类似物的（政治的、伦理的）选择没有任何奠基性价值。**这种选择并不重要。**不论人们公布这种选择的方式如何庄重、如何猛烈，它只能是一种**倾斜**：面对世界的各个部分，我只能有权**偏爱**。

学生练习

1. 为什么作者指出上面这个情节的年份？

2. 当时在什么交通工具上适合"梦想"与"烦恼"？

3. 作者提到的哲学在哪方面有可能是"犯罪的"？

4. 请您解释一下"编织物"的隐喻。

5. 请您举出有可能与"偏爱论"相对立的

---

① 萨拉芒克（Salamanque）与瓦拉多里德（Valladolid）均为西班牙城市。——译者注

哲学。

　　6. "革命"、"系统"、"想象物"、"倾斜"几个词的意义是什么?

　　7. 为什么作者为某些词或某些表达方式加了黑体?

　　8. 请说明作者的风格。

知识与写作

　　在他致力于某篇正在写作中的文本的时候,他喜欢在一些知识性书籍中寻找补充内容和准确的表述。如果可能,他希望有一个标准的常用书籍(字典、百科全书、教科书等)书橱:但愿知识能在我周围围住我,由我安排;但愿我只需查阅它,而不是吞下它;但愿知识被定位在写作补充内容的位置。

价值与知识　　*140*

　　(关于巴塔伊:)"总之,知识被看作能力,但是,它又被当作烦恼受到反对;价值,不是贬低知识、使知识相对化或拒绝知识的东西,而是为知识解除烦恼、使部分知识得以休息的东西。从争论的前景来看,价值并不与知识对立,但从一种结构意义上讲,它们却是对立的。在知识与价值之间有一种交替，根据某种爱情节奏，一个因另一个而休息。总之，这便是随笔写作（我们谈的是巴塔伊）：科学与价值的爱情节奏，即变异逻辑，欢愉。"（论文 Les sorties du texte，1973）

吵闹

他在（家庭的）"吵闹"中总是看到完全属于暴力的一种经验。甚至只要听到吵闹，他就感到害怕，就像一个被家长之间的争吵（他总是在不顾一切地躲避这种争吵）搞得惊慌失措的孩子那样。吵闹之所以有如此重大的反响，那是因为它赤裸裸地指出了言语活动的毒瘤。言语活动没有能力关闭言语活动，这便是吵闹告诉人们的：辩解层出不穷，却不可能有什么结论，甚至只有凶杀的结果。这是因为吵闹完全向着这种暴力发展，是因为它从不担当什么（至少在"有文化的"人们之间是这样），是因为它是一种基本的暴力、一种以交谈为乐趣的暴力：可怕而且可笑，竟然是以一种科学—虚构的同态调节器（homéostat）的方式。

（吵闹成为戏剧的时候，便被驯化而平静了下来。戏剧在迫使其结束的同时便平息了吵闹。一种言语活动的停止，是人们对于言语活动的暴力所能进行的最为重大的暴力。）

他不大宽容暴力。这种态度，尽管每时每刻都能得到验证，但在他看来还是相当神秘。但是他感觉到，这种不宽容的理由应该从这方面寻找：暴力总是组织成吵闹，最可转移的行为（消灭、杀害、平息等）也是最为戏剧性的，而且他所抵御的正是这种语义争吵（从本质上讲，意义难道不与行为相对立吗?）。在任何暴力之中，不可阻挡的是，都能古怪地感觉到一种文学核心：有多少夫妻之间的吵闹不是按照一幅重要的绘画［《被赶出去的女人》（La Femme chassée）或是《休妻》（*La Répudiation*）］的模式来理顺的呢？总之，任何暴力都是对于一种感人的俗套的说明，而且，奇怪的是，这便是暴力行为赖以装饰自己和困扰自己的完全非现实主义的方式——一种滑稽的和简便的、主动的和完全固定的方式。这种方式使他对暴力产生了在任何其他场合都不会经历的一种情感：某种严肃性（无疑是一种纯粹的学者的反应）。

戏剧化的科学　*141*

他一直对科学怀着疑心，并指责其 adiaphorie（尼采的用语），即它的冷漠性，因为学者们把这种冷漠性变成了他们赖以成为检察官的一种法则。可是，每当科学戏剧化（即使之具有一种区分能力、一种文本效果）成为可能的时候，这种指责就出现。他喜欢学者，因为在他们身上他可以觉察到一

种错乱、一种颤抖、一种乖僻、一种狂热、一种随
和。他曾较多地利用索绪尔的《普通语言学教程》，
但是在他意识到他疯狂地听命于改变字母位置就构
成新词这一情况的时候，索绪尔对他来说就变得更
为重要了。他在许多学者身上预感到某种可贵的缺
陷，但在多数情况下，这些学者不敢把其缺陷写成
一部作品：他们的陈述活动继续被卡住、被中断、
被漠视。

因此，他认为，由于过去不懂得竭力推动，符
号学科学没有得到很好的发展：它通常只是一些无
关紧要的研究工作的窃窃私语，而每种工作又都不
区分对象、文本和躯体。然而，怎么会忘记符号学
与意义的激情［它的末世论与（或者）它的空想］
会有某种关系呢？

语料——多么好的想法啊！条件是人们很想在
语料之中读到躯体：或者是在全部的为研究而保留
的文本之中（而且它们构成语料），人们不再只是
寻找结构，而且寻找陈述活动的外在形象；或者人
们与这全部的文本有着某种爱恋关系（没有这一
点，语料只不过是一种科学的想象物）。

总是想到尼采：我们由于缺少灵活性而是科学
家。——相反，我却借助于一种空想在想象一种戏
剧性的和灵活的科学，这种科学向着滑稽地推翻亚
里士多德命题的方向发展，而且它至少在刹那间敢
于想到这一命题：只有区别，才有科学。

我看得见言语活动

我患有一种病：我看得见言语活动。对于我所应该爽快地听到的东西，一种古怪的冲动（这种冲动在欲望搞错对象时是反常的）为我把它揭示成一种"幻象"，这种幻象类似于（保留其所有的比例！）西皮翁①在梦到世间所有音乐领域时所得到的幻象。在最初出现的场面中，我听得到但看不见。此后便是一种反常的场面，我在想象中看见了我听到的东西。听觉移向了透视。我感到我成了言语活动的幻想者、窥视者。

按照最初的幻象，想象的东西极为简单：那是别人的话语，因为我"看到了"（我把它放在引号之中）。然后，我把透视法转向我自己。我看见了我的言语活动，因为它被看到了。我看见它赤身裸体（没有引号）。这是想象物的羞耻时刻、痛苦时刻。这时，第三种幻象清晰地显示了出来，即无限地分层级的言语活动的幻象。从不关闭的括号的幻象。从它要求一位不定的、多元的读者这一点来看，它是空想的幻象，因为这位读者在迅速地建立又迅速地去掉引号：他在与我一起从事写作。

143

---

① 西皮翁（Scipion l'Africain，公元前235—前183），古罗马执政官。——译者注

转而反对

他经常从俗套、从在他身上存在的庸俗的见解出发。这是因为他并不奢望（由于审美反映或个人特性的反映）去寻找别的东西；习惯上，在他很快疲倦的时候，他就停止在普通的相反的见解上、悖论上，停止在机械地否认偏见（例如："只有个别才有科学"）的东西上。总之，他与俗套维持着即合即离（contrage）关系、家庭关系。

这是某种智力型的"回避"（"体育"）。它系统

Eblouissement
l'éblouissement
contre la répétition.
La première fois *contre* *les autres fois.*
) *Nécessité* *de l'éblous-* *sement* *}* *Stéréotype* *charme du* *langage*

le stéréotype la classe *ouvrière" Si on pouvait* *l'appeler autrement ?* *parce que sans ça, ça devient* *un morceau mort, roenit,* *d'un raisonnement* *Il n'y a plus d'éblouissement* *nominal (charme du langage)* →

_ le stéréotype, à ce point, a affaire avec la <u>vérité</u>

on est induit à se demander : la classe ouvrière qu'est ce que c'est ?

_ le terme nominal d'un raisonnement ?

_ une chose ? ça existe ? où ? quelles limites ? quels critères

冒险念头。

由于念头强烈，还不能从其品质中分出什么：愚笨的？危险的？无意蕴性的？需要保留吗？需要放弃吗？需要搞懂吗？需要保护吗？

地存在于言语活动固定化的地方、有稳定性的地方、有俗套的地方。就像一个警惕的女厨师，它忙碌着，关照着言语活动，使之不变得迟钝，关照着言语活动，使之不与某种东西纠缠在一起。这种动作，由于属于纯粹的形式，而阐述着作品的进步和退步。它是一种纯粹的言语活动的策略，这种策略在空气之中、在任何战略视野之外施展作用。风险在于，由于俗套依据历史和政治而移动，所以无论它去什么地方都应该紧紧跟随着它：如果俗套向左偏移了，那又该如何是好呢？

乌贼与其黑墨

我日复一日地写这些。有了，有了：乌贼在生产它的黑墨，我用绳子拴住我的想象物（为了保护自己，也为了贡献自己）。

我怎么才能知道书写完了呢？总之，就像以往那样，问题在于建立一种语言。然而，在任何语言之中，符号都重新返回来，而且由于要返回来，它们便最终使词汇即作品饱和。由于此前在几个月中滔滔不绝地讲述这些片断，从那时以来在我身上所发生的事情便自动地（无强迫性地）归入已经形成的陈述活动的名下：结构在逐渐地形成，并且在形成的同时，它越来越吸引人。就这样，在没有任何我个人计划的情况下，建立起一种完整的和永久的编目，俨然语言的编目。在某个时刻，只有发生在阿耳戈大船上的可能的转变方式：我可以长时间地保留这书，同时一点一点地改变每一个片断。

关于性欲的一本书的写作计划

一对年轻的夫妇来到我所在的包厢坐下。妻子
有一头金黄色的头发，化着妆。她戴着一副大大的
黑框眼镜，在阅读《巴黎竞赛》（Paris-Match）杂
志。她的每个手指上都有一个戒指，每个手指的指
甲上都涂着与旁边的指甲不同的颜色。中指的指甲
比较短，涂着深深的胭脂红，充分地说明那是进行
手淫的手指。

144

这对夫妇使我很是高兴，我的眼睛已经不能
离开他们，于是，我产生了写作一本书（或是一
部电影）的念头。在书中，只出现次要的性欲特
征（无任何色情）。人们会在书中理解（人们意欲
在书中理解）每个躯体的性欲"人格"。这种人格
既不是躯体的美，也不是它的"性感"举止，而
是每一种性欲直接供人读解的方式。因为那位指
甲上涂着浓重颜色的年轻金发女子和她的年轻丈
夫（臀部突出，眼睛温柔）在上衣翻领的饰孔上
带有他们的夫妇性征，就像一枚荣誉勋位勋章
（性征与体面属于相同的表征）。而这种可读解的
性征（当然就像米什莱似乎读解过的性征一样）
借助于比一系列魅力更为可靠的一种难以抵御的
换喻充满了整个包厢。

性感

不同于次要的性欲特征，一个躯体的性感（并非是躯体的美）在于可以在躯体上标志出（幻想出）情爱的实践，而人们在想象之中要使躯体服从于这种情爱实践（我想到的正是这一点，不是另一点）。同样，似乎在文本中有着很明显的性感句子：那些搅动人心的句子——尽管它们有些孤单，就像它们掌握着一种言语实践为我们这些读者而做的允诺，就像我们根据一种很清楚要做什么的享乐去寻找它们一样。

性欲的快乐结束？

中国人：所有人都问（而我是第一个）：他们的性欲在何处？对于这一点，只有一种模糊的想法（更可以说是一种想象），而且如果这是真的，那就是对于以前的整个一种文本进行修正。在安东尼奥尼①的电影中，我们看到一些平民参观者在博物馆里正注目于一个表现旧中国野蛮场面的模型：一群士兵正在抢掠一个贫苦的农民家庭，解说词是粗暴的或者说是痛苦的。模型很大，灯光很亮，那些躯体是固定的（在一种蜡像博物馆的光亮之中）和惊

---

① 安东尼奥尼（Michelangelo Antonioni，1912—2007），意大利著名电影导演。——译者注

慌失措的，倾向于某种既是躯体的又是语义的顶
点。人们想到那些西班牙的基督受难像的写实派雕
塑家，其手法的生硬曾使勒南①大为恼怒（确实，
他当时把这种生硬归咎于耶稣会会士）。然而，突
然，这个场面在我看来非常准确：按照萨德式的描
述方式，这就是超性欲（sur-sexualité）。于是，我
便想象（但这只是一种想象），性欲，就像我们关
于其所说的那样，也像只要我们说它时的那样，是
社会压迫和人类的丑恶历史的产物：总之，是一种
文明结果。从这时起，性欲，即我们的性欲，有可
能在无压抑的情况下被社会的解放所排除、所破
坏、所取消：让男性生殖器像消失吧！是我们正以
古代异教徒的方式在使男性生殖器像成为一尊小小
的神。唯物主义难道不是通过某种性欲的距离而经
历性欲在话语之外和在科学之外的无光泽的衰落阶
段吗？

145

作为空想的变指成分

　　他收到一位朋友从远方寄来的明信片："星期
一。我明天回去。让-路易。"

---

　　① 勒南（Ernest Renan，1823—1892），法国语文学家、哲学家、历史学家、文学
艺术批评家。——译者注

就像茹尔丹①和其著名的散文（总之是布热德运动②的场面），他惊奇地在一个相当简单的陈述中发现了雅各布森分析过的那些双重操作成分（opérateur double）的痕迹。因为，如果让-路易很清楚地知道他是谁和他在哪一天写信的话，那么，到达我这里的信息就完全是不确定的了：哪一天？哪位让-路易？我怎么能知道呢？要知道，我应该依据我的观点，即可在多个让-路易和多个星期一之间进行选择。变指成分（shifter）作为这些操作成分中的最著名者，尽管被赋予了规则，但它还是像由语言本身提供的一种中断沟通的诡计多端的方式：我在说话（请您注意我对于规则的掌握），但我把自己包容在您所不了解的一种陈述情境的雾气之中；我在我的话语中安排一些会话遗漏（当我们出色地使用变指成分即代词"我"时，最终，难道不总是出现这种情况吗？）。他从此便把所有的变指成分（于是，扩展开来，我们把直接在语言上构成的所有不确定的操作成分都如此称谓：我、这里、现在、明天、星期一、让-路易）想象成同样多的社会颠覆。这些颠覆被语言

---

① 茹尔丹，从时间上讲，该是弗朗西斯·茹尔丹（Francis Jourdain，1876—1958），法国装饰画家、道德说教家。其父弗朗茨·茹尔丹（Frantz Jourdain，1847—1935）是建筑师和艺术批评家。——译者注

② 布热德运动，指1954年法国布热德（Pierre Poujade，1920—2003）创立的"保障小商人和手工业者联盟"，后成为法国一个右翼政党。——译者注

所承认，但被社会所反对，因为这些主观遗漏使社会害怕，并且主观性总是借助于通过"客观地"标志一个日期（星期一，3月12日）或是标志一个姓氏（让-路易）而迫使减少操作成分（星期一，让-路易）的双重性来补救社会。有一种集体性，它只以姓名和变指成分来说话，因为其中的每一个从来都只说我、明天、那里，而不参照不论什么合法的东西——在这种东西中区别的含混性（这是唯一尊重其敏锐性和无限的影响性的方式）将会是语言的最珍贵的价值。请问，我们能想象这种集体的自由和——如果可以这样说的话——这种集体的爱情流动性吗？

在意指中，有三种东西

像人们从斯多噶派以来所考虑的那样，在意指（signification）里有三种东西：能指（signifiant）、所指（signifié）和指称对象（référent）。但是现在，如果我想象一种有关价值的语言学的话（可是，在自己都停留在价值以外的情况下，如何建立这种语言学呢？如何"科学地"和"从语言学角度"来建立这种语言学呢？），那么，意指中的这三种东西就不是与前相同的了。一种已为人们所知，即意指的过程，它是传统语言学的通常领域，传统语言学就停留于此、依靠于此，并禁

146

止人们脱离它。但其余则不完全是这种情况。它
们是通告（我猛烈地加强我的信息，我传讯我的
听众）和签字（我自我标榜，我不能避免自我标
榜）。通过这种分析，人们只能展开动词"意味"
（signfier）一词的词源意义：制造一个符号，（对
某人）打招呼，想象地减缩为自己的符号，在自
身升华。

一种过于简单的哲学

　　他似乎经常以过于简单的方式把社会性
（socialité）看成言语活动（话语、虚构、想象物、
道理、系统、科学等）和欲望（冲动、伤痛、怨恨
等）的一种宽泛和永久的摩擦。那么，在这种哲学
中，"真实"变成了什么呢？它不是被否认的（通
常甚至是作为进步的而被人乞求），而总是指一种
"技巧"、一种经验的合理性。这便是"方法"的宗
旨、"补救"的宗旨、"解决措施"的宗旨（如果人
们这样行动，人们就会产生那种结果；为了避免这
种行动，我们就要合理地进行那一种行动；让我们
等待、让我们放任事物自我转变；等等）。带有最
大间隙的哲学：在涉及言语活动的时候，它就是令
人狂喜的；在涉及"真实"的时候，它就是经验性
的（和"进步的"）。

　　（总是对于黑格尔主义的法国式的拒绝。）

猴子中的猴子

阿科斯达（Acosta），是一位犹太人裔葡萄牙绅士。他被流放到了阿姆斯特丹；他加入了犹太教；随后，他又批评犹太教，便被犹太教教徒驱逐出教会。这样一来，从逻辑上讲，他本应该脱离希伯来宗教团体，但是他却以另外的方式得出结论：我是在外国，我一点都不懂它的语言，在有那么多不适应的情况下，为什么在一生中我都要固执地与希伯来宗教团体脱离呢？当个猴子中的猴子不是更好吗？（Pierre Bayle, Dictionnaire historique et critique）。

当没有一种已知语言可为您所用的时候，就必须决心偷取一种言语活动，就像人们从前偷取一块面包那样。（所有处于权力之外的人们——团体，都被迫进行言语活动的偷窃。）

社会划分

社会关系的划分确实存在，划分是真实的。他并不否认这一点，并且满怀信任地听取所有谈论划分的人们（人数很多）的意见。但是，在他看来，而且也许由于他有点崇拜言语活动，这些真实的划分便被吸收在它们的对话形式之中了：是对话被划分、被异化。于是，他以言语活动的词语经历着整

147

个社会关系。

我嘛，我

一个美国大学生（或许是实证论者，或许是持不同政见者：我不能分辨清楚）在识别主观与自恋，就像不言而喻那样。他大概在想，主观性在于谈论自己，并在于说自己好话。这是因为他是一对老的词语即一个老的聚合体——主观性/客观性——的受害者。可是今天，主体在他处形成，而"主观性"也可以返回到螺旋形的另外一个位置上：被破坏的位置、不协调的位置、被流放的位置、没有锚固的位置。既然"自我"不再是"自己"，为什么我不可以谈论"自我"呢？

所谓的人称代词：一切都在这里起作用，我被永远地封闭在代词的竞技场里了："我"在动员想象物，动员"您"和"他"、偏执狂。但是，根据读者的情况，一切——就像一种波纹织物的反光那样——也可以很快地返回来：在"我嘛，我"之中，"我"可以不是"我自己"，因为读者可以以荒诞的方式破坏它；我可以对我说"您"，就像萨德以前做过的那样，为的是在我自己身上把写作工、写作制造者、写作生产者与作品的主体（作者）分开。另一方面，不谈论自己可以意味着：我是那个不谈论他自己的人；而谈论自己的时候用"他"，则可以意味着：我谈论我自己，就像谈论被一种轻微的偏执狂似的表达薄雾所笼罩的精神不振之人，或者更可以说，我以布莱希特式演员的方式来谈论我自己，这种方式应该使其人物远离——"指出"人物，而不体现人物，并且像弹掉衣服上的灰尘那样使代词与其名词有所脱离，以此来赋予叙述方式其支撑物的形象、其镜子的想象物（布莱希特曾建议演员以第三人称想着他的整个角色）。

　　由于叙事的交替，在偏执狂与间隔效果之间有可能形成了亲和关系："il"① 是史诗性的。这意味着："il"是很坏的，这是语言中最坏的单词。作为无人称的代词，它取消其指称对象并使之死亡。人们不可以在无不满情绪的情况下把它用于人们所喜欢的人。说某个人是"il"，我总是感觉像是某种由言语活动引起的谋杀，而谋杀的整个场面因其有时是奢华的、礼仪的，所以是喧哗的。

　　有时，具有嘲讽意味的是，"il"在一种句法困难的简单作用之下而让位给"我"：因为在一个不长的句子中，"il"可以在毫无预告的情况下指我之外的其他许多指称对象。

　　下面是一些过时的命题（但愿这些命题不是矛盾的）：如果我不写作，我将什么都不是。然而，我却处于我写作的地方之外。我比我所写的东西更强。

148

---

　　① "il"，是"他"和"它"之意，在作"它"意讲时，为无人称代词。——译者注

一个坏的政治主体

　　既然审美是看着形式脱离原因和目的并构成一个充足的价值体系的艺术，那么，还有什么与政治话语更为对立的呢？可是，他不能摆脱审美反映，他不能在他赞同的一种政治行为中禁止自己去看这种行为所采取的并且他认为是丑陋的或是可笑的形式（形式的稳定性）。于是，他尤其承受不了讹诈（是什么深刻的原因呢？），特别是他在各个国家的政治话语中看到的讹诈。由于一种仍然很不合时宜的审美情感，也由于劫持人质总在以相同的形式不断地增加，他最终还是对一些过程的机械性质感到厌烦了。这些过程落入了对于任何重复的不信任之中：又一个！真讨厌！这就像一支好歌的重复部分，也像一位漂亮人物面部的痉挛。于是，由于具有一种看得见形式、看得见言语活动和重复的反常的能力，他不知不觉地变成了一个坏的政治主体。

复因决定论

　　《心的狂喜》（*Délices des coeurs*）一书的作者艾哈迈德·阿勒·蒂法士（Ahmad Al Tîfâchî，1184—1253）曾这样描述一位男妓的亲吻：他把舌头伸进您的嘴里，并且在里面一个劲地搅动。

人们后来把这种情况当作对于一种被复因决定的
行为的说明。因为，阿勒·蒂法士描述的这个男
妓以这种表面上并不符合其职业地位的色情实践
方式，获得了三种好处：他介绍了他的情爱科学，
他保护了他的男性的形象，可是他又并没有损害
多少他的躯体——他以这种猛烈的动作拒绝了躯
体的内部活动。主要的主题在哪里呢？这不是一
个复杂的主题（就像通常舆论所厌烦地说的那
样），而是一个复合的主题（似乎傅立叶这么
说过）。

他听不到自己的言语活动

　　不论他在什么地方，他所倾听的、他所不能
禁止自己倾听的，是其他人对于他们自己的言语
活动所听不到的东西：他听得到那些人都听不到
他们自己在讲话。可是他自己呢？他从来听不到
他自己在说什么吗？他在尽力听自己说话，但是
在这种努力之中，他只能产生另一种有响声的场
面，即另一种虚构。由此，便依托写作：言语活
动已经拒绝产生最后的断言，它活跃着，并希望
依赖另外一个能听懂您的人，写作难道不就是这
样的言语活动吗？

L'espace du séminaire est phalanstérien, c'est-
à-dire, en un sens, romanesque. C'est seulement
l'espace de circulation des désirs subtils, des désirs
mobiles; c'est, sans l'artifice d'une socialité
dont la consistance est miraculeusement estompée,
selon un mot de Nietzsche : "l'enchevêtrement des
rapports amoureux".

国家的象征体系 *150*

　　我是在 1974 年 4 月 6 日（星期六）蓬皮杜总统国葬日这一天写这篇东西的。整整一天，电台里都在播放（在我听来）"令人愉快的音乐"：巴赫的、莫扎特的、勃拉姆斯①的、萧伯特的。因此，"令人愉快的音乐"是一种丧乐：一种正式的换喻把死亡、精神性和阶级音乐（罢工的日子，人们只能演奏"不悦耳的音乐"）连在了一起。我的女邻居，由于平日只听流行音乐，今天便不打开她的收音机。因此，我们两人都被排除在国家象征体系的外面：她是因为不能承受其能指（"令人愉快的音乐"），我是因为不能承受其所指（蓬皮杜的逝世）。这种双重的排除，难道就没有使得如此操作的音乐变成一种压迫性话语吗？

征兆性的文本

　　我怎么做才能使这些片断中的每一个都从来只是一种征兆呢？——那太简单了：您任凭发展即可，您退一步即可。

---

　　①　勃拉姆斯（Johannes Brahms，1833—1897），德国作曲家和指挥家。——译者注

系统与系统性

真实之本义难道就不属于难以控制的吗？而系统之本义难道不就是要控制系统吗？因此，面对真实，那拒绝控制的人能做什么呢？那就拒绝把系统当作器具，同意把系统性当作写作好了（傅立叶就这么做了，《萨德·傅立叶·罗犹拉》，114 页）。

策略与战略

他的创作活动是策略性的：在于移动、在于像玩捉人游戏那样拦截，但不在于征服。举例来说：什么是关联文本概念呢？实际上，它没有任何实证性。它服务于反对上下文的规律（论文《答复》，1971）。确认，在某个时刻被当作一种价值来提供，但这丝毫不能被赞誉为客观性，它为反对资产阶级艺术的表达性而设立障碍。作品的含混性（《批评与真理》，55 页）根本不来自新批评（New Ccriticism），而且也不使新批评本身感兴趣；它仅仅是反对哲学规则、反对直接意义的普遍专制的一个小小的战争机器。因此，这种创作被确定为：一种无战略的策略。

随后

他有写作"导论"、"概述"、"基本原理"的癖
好，而把写出"真正的"书放到以后。这种癖好有
一个修辞学上的名称，叫预辩法（热奈特[①]曾很好
地研究过）。

下面是被预告过的一些书籍：关于写作的历史
（《写作的零度》，22 页），关于修辞学的历史（论文
《古代修辞》，1970,），关于词源学的历史（论文
《今天，米什莱》，1973），新的风格学（《S/Z》，
107 页），关于文本快乐的美学（《文本的快乐》，
104 页），关于一种新的语言学（《文本的快乐》，
104 页），关于价值的语言学（论文《离开文本》，
1973），关于恋情话语的笔录（《S/Z》，182 页），
建立在关于一个城市罗伯逊基础上的虚构（论文
《离题》，1971），关于小资产阶级的概论（论文
《答复》，1971），一本关于法国的书——以米什莱
的方式——定名为"我们的法兰西"（论文《答
复》，1971），等等。

这些预告，多数情况下是考虑写作一本提示
性的、笼统的、模仿性的书，以介绍具有里程碑
性意义的知识。它们只能是一些普通的话语行为
（那真是预辩法），它们属于拖延性范畴。但是，

151

---

① 热奈特（Gérard Genette, 1930—　），法国当代文艺符号学家，他在叙事学研究
方面做出了重大贡献。——译者注

拖延性，即对于真实（可实现性）的否认，并非
没有活力：这些设想还活跃着，它们从来没有被
放弃；虽然中断，但它们能在任何时刻重新开
始；或者至少，俨然一种顽念的持续的痕迹，它
们通过一些主题、一些片断、一些文章，像动作
那样一部分一部分地间接地自我完成。（在 1953
年设想的）写作的历史，在 20 年后形成了开办
关于法语话语历史讲习班的想法，关于价值的语
言学很早就指导了这本书的写作。这是"大山分
娩小老鼠吗"①？应该从正面改变一下这个带有蔑
视口吻的成语：大山对于生出小老鼠并不是多
余的。

　　傅立叶把自己的书送给别人，从来都只是为了
预告他随后即将出版的一本（十分明确、十分有说
服力、十分完整的）完美书籍。对于书籍的预告
（说明书），是调整我们内心空想的一种拖延计谋。
我在想象，我在幻想，我在为我不能为之的大书润
色、增光：这是一本知识书籍和写作书籍，它同时
是一种完整的系统和对于任何系统的嘲笑，是智力
与快乐的总合，是一本既是复仇的又是温柔的、既
是辛辣的又是平和的书，等等。（在此，形容词泛
滥，想象物成堆。）简言之，他具有一个小说主人
公的所有品质：他是走来的（来冒险的）那个人，
而这本书，在我成为我自己的施洗者约翰的同时，

---

① 比喻虎头蛇尾。——译者注

我预告它。

　　通常，如果他对人说他考虑要写书（他并没有
写），这就是说他在把使他感到烦恼的事情向后放
一放。或者更可以说，他想立即写让他愿意写的东
西，而不是别的什么。在米什莱的作品中，使他愿
意再写的东西，都是那些躯体的主题、咖啡、鲜
血、龙舌兰、麦子，等等。于是，人们为自己建立
一种主题批评。但是，为了从理论上不使其有可能
与另一种有关历史的、生平的学说对立——因为幻
觉过于隐私而无法争论——人们就说，这只关系到
一种预批评，并说，"真正的"批评（即对于其他
人的批评）将随后来到。

　　虽然您一直没有时间（或者虽然您想象是这
样），虽然您被期限和推迟所困，但您固执地认为，
您在您需要做的事情里建立起秩序就可以摆脱困
境。您制定规划、计划、日程表、期限表。在您的
桌子上，在您的卡片里，记录着有多少文章、书籍
要写，有多少讲习班要搞，有多少东西要买，有多
少电话要打。实际上，这些纸堆，您从来不去过
问，因为一种烦恼的意识赋予了您一种对于您的各
项义务的杰出的记忆能力。但是，这是克制不住
的：您延长您所缺的时间，甚至延长对于这种缺少
的记录时刻。让我们把这一点称为规划约束（人们
在猜想其无狂躁性的特征）。显然，国家、集体，
都不能幸免：为了制定规划已经花费了多少时间
了？而且，因为我计划写一篇关于这方面的文章，

152

规划的意念本身就变成了规划之约束。

现在，我们来推翻所有这一切：这些拖延计谋，这些设想的梯形断阶，可能就是写作本身。首先，作品从来都只是一部未来作品的元书籍（预先的评论），这部未来的作品由于没有成形而变成这部作品：普鲁斯特、傅立叶，都只不过写了一些"内容介绍"。其次，作品从来不是里程碑性的，它是一种提案，每个人都可以随意地和尽其所能地使其饱和：我交给您一种可传递的语义材料，就像传环游戏那样。最后，作品是一种（戏剧的）重复，而这种重复就像在里维特①的一部电影里那样，是冗长的、没完没了的、中间带有评论和附注（excursus）的、插入有其他东西的。一句话，作品是一种分级搭配；它的存在是等级，是没有尽头的一个楼梯。

《原样》

他的《原样》②的朋友们：他们的独特性、他们的真实性（不包括智力能力、写作天才）在于，他们接受说一种共同的、一致的、无形的言语，在

---

① 里维特（Jacques Rivette，1928—　），法国电影艺术家。——译者注

② 《原样》（*Tel Quel*），又译为《太凯尔》、《如是》，是 1960 年由作家索莱尔斯（Philippe Sollers，1936—　）创办的法国先锋派文学刊物。该刊物最初以研究纯文学为主，后来转向与当时的新文学理论（符号学、精神分析学、诗学等）结合。刊物于 1983 年停刊，并由《无限》（*Infini*）取而代之。——译者注

于懂得政治言语活动。然而，他们中的每一个又都用其自己的躯体来说这种言语。——那好吧，为什么您不这样做呢？——大概这正因为我与他们没有相同的躯体；我的躯体不能习惯于普遍性，不能习惯于言语活动中存在的普遍性威力。——这难道不是一种个人主义观点吗？人们在一个公认的反黑格尔论的基督教徒身上，例如在克尔凯郭尔[①]身上，难道找不到这种观点吗？

躯体，是不可减缩的区别性，同时，它又是任何结构活动的原理（既然结构活动是结构的特性，见论文《绘画是一种言语活动吗？》，1968）。如果我能以我自己的躯体来说政治话语的话，我就可以使（话语的）结构中最平庸的结构成为一种结构活动：我利用重复性来生产文本。问题在于，要了解政治机器在把我的有生命力的、富于冲动的、贪图享乐的唯一躯体置于躲避斗争的庸俗性的方式之中的时候，是否会长时间地承认这种方式。

153

今天的天气

今天早晨，面包店女老板对我说：天气还是那么晴朗！但热天太长了！（这里的人们总认为天气太晴朗了，太热了。）我补充说：而且，阳光是那

---

① 克尔凯郭尔（Kierkegaard, 1813—1855），丹麦神学家，存在主义的先驱之一。——译者注

样灿烂！可是，女老板不接茬，我再一次观察到了言语活动的短路情况，尤其在最无意义的会话里。我理解，看到阳光属于一种阶级敏感性；或者更可以说，既然有一些"绚丽的"阳光大概已经被女老板所品味，那么，被社会所标志的东西，便是"模糊的"所见，是没有范围、没有目标、没有形象表现的所见，是对于透明性的所见，是对于一种未见（好的绘画中有这种无形象表现的价值，而卑劣的绘画中则没有）之所见。总之，没有比大气更富有文化的东西了，没有比天气更富有意识形态的东西了。

希望之乡

他曾经对不能同时采纳所有的先锋派、不能触及所有的余地而感到遗憾，也曾经对自己局限于退缩和过分听话而感到遗憾，等等。而他的遗憾又不能使自己从任何可靠的分析中得到启发：确切地讲，他当时在抵御什么呢？他当时在到处拒绝什么（或者更肤浅地讲：他对什么不满）呢？这是一种风格，一种傲气，一种暴力，还是一种愚蠢呢？

我的脑袋糊涂起来

关于某项工作、某个主题（通常是人们论证

的那些主题），关于生活中的某一天，他愿意能把
大嫂的这句话当作座右铭：我的脑袋糊涂起来
（我们来想象一种语言，在这种语言中，语法范畴
的规则有时迫使主体依据一位年迈女人的情况来
说话）。

可是，在他的躯体上，他的脑袋从来不糊涂。
这是一种诅咒：没有任何模糊、迷茫、反常状况，
总是有着清醒的意识。他不近毒品但却有妄想：妄
想能醉意蒙蒙（而不是立即生病）；从前曾期待借
一生中要做的至少一次外科手术来"糊涂"一次，
但由于不能做全身麻醉而未实现；每天早晨，刚醒
过来，发现头有点晕眩，但脑袋里面仍然稳定（有
时，带着一种烦恼入睡，在初醒时的新鲜感中它却
消失了。短时间一片空白，却奇迹般的没有意识；
但是，烦恼猛扑向我，就像飞来的一只猛禽，而我
重新完好无缺，就像我在昨天那样）。

有时，他想让他脑袋中的、工作中的、其他事
物中的言语活动休息，就像言语活动本身是人躯体
的一只劳累的胳膊一样；他似乎觉得，如果他在言
语活动之中得到休息，他全身就得到了休息，也就
摆脱了危机、摆脱了轰动、摆脱了激昂、摆脱了伤
害、摆脱了理性；等等。他看见言语活动是以一位
年迈的劳累妇女的外在形象（有点像一位两手粗糙
的老式家庭妇女）出现的，这位妇女在某种退居之
后叹息不已……

154

戏剧

在整个作品的十字路口上的，可能就是戏剧：实际上，他的文本中，没有一种是谈论某种戏剧的，而戏剧演出又是让人观察世界的普遍的领域。戏剧珍惜在他所写的内容中出现和重新出现的、所有表面上看来是特定的主题：内涵、歇斯底里、虚构、想象物、场面、优美、绘画、东方、暴力、意识形态（培根称之为"戏剧性幻觉"）。对他有吸引力的，不是符号，而是信号、标志：他所希望的科学，不是一种符号学，而是一种体貌特征学。

他不相信情感与符号脱离，不相信情绪与其戏剧表现脱离，他由于担心意味不当而不能解释一种赞赏、一种愤怒、一种爱情。因此，他越是激动，就越是寡言。他的"平静"，只不过是一位演员由于担心表演糟糕而不敢进入角色所显示出的拘谨。

他不能使自己变成有说服力的，可是在他看来，对于另一个的坚信正将另一个变成一个戏剧性的存在，正在引诱着他。他要求演员为其表现一个被说服的躯体，而不是一种真实的激情。下面是他看过的最好的戏剧场面：在比利时的一列火车的餐车里，几名（海关的、警察局的）职员在靠角落的餐桌上用餐。他们已经贪婪地、舒适地、细心地（选择作料、肉块、适宜的餐具，以确定的眼光选

中牛排而不是乏味的鸡肉）、以与食物非常相宜的
方式（小心翼翼地在鱼上浇浓稠的酸醋沙司汁，轻
弹奶酪以揭起包装纸膜，用刀刮掉奶酪的皮膜而不
是剥掉，使用苹果削皮刀就像使用解剖刀）吃完
了，以至于科克餐饮公司（Cook）的整个服务制度
受到了破坏：他们和我们吃了相同的东西，但是，
菜单却不同。因此，由于这唯一的坚信（不是躯体
与激情或是与心灵的关系，而是与享乐的关系），
从餐车的这一头到那一头，一切都变了。

155

主题

　　主题批评近些年来突然威信扫地。可是，不应
过早地放弃这种批评观念。主题是一个有用的概
念，可用来指明话语的某种场所，在这个场所中，
躯体完全自己承担责任地前进，并通过这一点来破
坏符号。例如"拉火线"这个词，它既不是能指，
也不是所指，或者说它两者都是：它确定这里，同
时又遥指远方。为了使主题成为一个结构的概念，
只需要对词源学表现出一种轻微的狂热即可。由于
结构的单位在这里和那里就是"语素"、"音位"、
"语位"、"味觉素"、"服饰素"、"色情素"、"自传
素"，等等，根据这种相同的组合方式，我们可以
想象，"主题"就是论题（理想的话语）的结构单
位：被陈述活动所设定、所显示、所提出并继续像

是意义的可安排性（有时是在成为化石之前）的那
种东西。

价值向理论的转化

价值向理论的转化（我心不在焉地读着我的一
张卡片上的字："激变"，但确实不错）：出于滑稽
地模仿乔姆斯基[①]，有人将说，任何价值都会重新
写成（……）理论。这种转化，即这种激变，是一
种能量：话语就通过这种解释、这种想象的移动、
这种对于借口的创立而产生。由于理论源于价值
（这并不意味着理论就没有坚实的基础），它便变成
了一种智力对象，而这种对象又被带入了一种更大
的循环之中（它遇到了读者的另一种想象物）。

格言

他在这本书中完善着一种警句声调（我们，人
们，总是）。然而，格言在有关人的本性的一种本
质论思想之中受到了损害，它是与古典的意识形态
连在一起的：它是言语活动的最为傲慢的（通常是
最为愚蠢的）的形式之一。为什么不放弃它呢？像
以往一样，其原因在于情感方面：我写作一些格言

---

① 乔姆斯基（Avram Noam Chomsky, 1928—　 ），美国语言学家，转换生成语法
的创始人。——译者注

（或是概述其意念），为的是使我放心。在出现一
种精神混乱的时候，我借助于确信一种超越我的
固定性来减轻这种混乱："实际上，总是这样。"
于是格言就诞生了。格言是一种句子—名词，而
命名则是使平静。此外，这种情况也是一种格言：
格言可以减轻我在写作格言时对于出现偏移的
担心。

（X的电话：他向我叙述他的度假情况，但丝
毫不询问我的度假情况，就像我两个月以来不曾动
一动地方一样。我在其电话中看不到任何的不关
心，我看到的更可以说是表明一种辩解：在我不在
的那个地方，世界是静止的——极大的安全感。格
言的静止性正是以这种方式来使疯狂的组织安静
下来。）

整体性的魔鬼

"让我们想象（如果可能的话），一个女人穿着
一件没有尽头的衣服，这件衣服本身也是按照时装
杂志上说的那样来织做的。"（《服饰系统》，53页）
这种想象，由于表面上看是根据一定的方法——因
为它只是利用语义分析的一种操作性概念（"无结
尾的文本"）——所以它不声不响地在考虑揭示整
体性的魔鬼（把整体性当作魔鬼）。整体性使人同
时发笑和害怕，就像暴力那样，难道它不总是滑稽

可笑的（而且只在狂欢节的审美之中是可收回的）吗？

另一篇话语：今天是 8 月 6 日，在乡下，是晴朗明媚的一天的早晨：太阳、温暖、花卉、寂静、平和、光洁透亮。没有任何东西在游逛，既没有欲望，也没有挑衅；只有工作，在我面前，就像一种普遍的存在：一切都是充实的。这是大自然吗？此外，这就是……的空缺吗？这就是整体性吗？

写于 1973 年 8 月 6 日至 1974 年 9 月 3 日

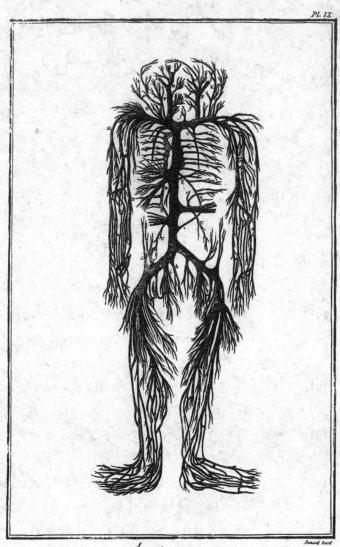

Pl. IX.

Anatomie.

Benard fecit.

罗兰·巴尔特生平 [*]

<table>
<tr><td>1915</td><td>11 月 12 日出生在谢尔堡（Cherbourg），父亲是路易·巴尔特（Louis Barthes），海军中尉，母亲是亨利耶特·班热（Henriette Binger）。</td></tr>
<tr><td>1916</td><td>10 月 26 日，父亲路易·巴尔特在北海的一次海战中战死。</td></tr>
<tr><td>1916—1924</td><td>在巴约纳市度过童年。在这座城市的中学低年级班上课。</td></tr>
<tr><td>1924</td><td>定居巴黎，先是住在玛扎里纳街（Mazarine），后住在雅克–卡娄街（Jacques-Callot）。此后，学校放假时都在巴约纳市的祖父母家度过。</td></tr>
</table>

---

* 1971 年第 47 期《原样》杂志上发表的"答复"一文中有详细的生平介绍。

1924—1930	在蒙田（Montaigne）中学读书，从小学四年级到初中三年级。
1930—1934	在路易-勒-格朗（Louis-le-Grand）中学读书，从初中四年级到哲学班。高中会考：1933—1934。
1934	5月10日，咯血。左肺损伤。
1934—1935	在比利牛斯山阿斯普山谷（Aspe）的博杜镇（Bedous）进行自由疗养。
1935—1939	巴黎索邦大学，古典文学学士。创办古代戏剧社团。
1937	免服军役。当年夏天，赴匈牙利德布勒森市（Debreczen）担任法语教员。
1938	与古代戏剧社团一起赴希腊。
1939—1940	在比亚里茨市新中学任教，教初中三年级和初中四年级学生（临时辅助教师）。
1940—1941	在巴黎伏尔泰中学和卡尔诺中学担任临时辅助教师（辅导教师和教师）。获得（关于希腊悲剧方面的）高等教育文凭。
1941	10月，肺结核病复发。
1942	第一次住进位于伊塞尔（Isère）省的圣-伊莱尔-迪-图威镇（Saint-Hilaire-du-Touvet）大学生结核病疗养院。
1943	在巴黎卡特法日街（Quatrefage）愈后疗养院进行恢复休养。获得最后的学士证书（语法和语文学）。
1943	7月，右肺结核病复发。
1943—1945	第二次住进大学生结核病疗养院。静养、侧身养，等等。在疗养期间，为从事精神病医学而学

习了几个月安慰剂（PCB）的使用。在这期间，结核病复发。

1945—1946 在雷赞市（Leysin）的亚历山大诊所继续进行疗养治疗，该诊所隶属于瑞士大学疗养院。

1945 10 月，右胸膜气胸。

1946—1947 在巴黎进行愈后疗养。

1948—1949 在布加勒斯特法国学院担任图书馆助理，随后担任教师，后来在该市担任法语教师。

1949—1950 在（埃及）亚历山大市担任法语教师。

1950—1952 在国家文化关系总局教育处工作。

1952—1954 在国家科学研究中心（CNRS）实习（词汇部）。

1954—1955 在阿尔施出版社（Arche）担任文学顾问。

1955—1959 在国家科学研究中心担任研究专员（社会学）。

1960—1962 在（经济与社会科学）高等实用研究院（École pratique des hautes études）第六部担任课题主任。

1962 在高等实用研究院担任研究主任（"符号社会学，象征与再现"）。

1976 担任法兰西公学（Collège de France）教授（"文学符号学"讲座）。

（一种生活：学习、生病、命名。其余的呢？会见、友情、求爱、旅行、阅读、寻乐、惧怕、信仰、享乐、幸福时刻、愤怒时刻、忧郁：一句话，是轰轰烈烈的吗？——在文本中是，但在创作中不是。）

罗兰·巴尔特于 1980 年 3 月 26 日去世。

罗兰·巴尔特著述年表（1942—1974)

书籍:

《写作的零度》，*Le Degré zéro de l'écriture*，Paris，Seuil，《Pierre vive》，1953；1965 年与《符号学原理》一起以袖珍书形式出版，Paris，Gonthier；1972 年与《新文学批评论文集》一起出版，Paris，Seuil，《Points》。已被译成德文、意大利文、瑞典文、英文、西班牙文、捷克文、爱尔兰文、日文、葡萄牙文、卡塔卢尼亚文①。

《米什莱》，*Michelet par lui-même*，Paris，Seuil，《Écrivains de toujours》，1954。

《神话学》，*Mythologies*，Paris，Seuil，《Pi-

---

① 西班牙东北部卡塔卢尼亚人的文字。——译者注

erres vives》，1957；1970 年出版袖珍书，Paris，Seuil，Points，书前写有一篇新的前言。已成意大利文、德文、波兰文、英文、葡萄牙文。

《论拉辛》，*Sur Racine*，Paris，Seuil，《Pierres vives》，1963。已被译成英文、意大利文、罗马尼亚文。

《文艺批评文集》，*Essais critiques*，Paris，Seuil，《Tel Quel》，1964，第 6 版时写有新的前言。已被译成意大利文、瑞典文、西班牙文、德文、塞尔维亚文、日文、英文。

《符号学原理》，*Éléments de sémiologie*，与《写作的零度》合为一书，以袖珍本形式出版，Paris，Gonthier，1965。已被译成意大利文、英文、捷克文、爱尔兰文、西班牙文、葡萄牙文。[1]

《批评与真理》，*Critique et Vérité*，Paris，Seuil，《Tel Quel》，1966。已被译成意大利文、德文、卡塔卢尼亚文、葡萄牙文、西班牙文。

《服饰系统》，*Système de la Mode*，Paris，Seuil，1967。已被译成意大利文。

《S/ Z》，Paris，Seuil，1970。已被译成意大利文、日文、英文。

《符号帝国》，*L'Empire des signes*，Genève，Skira，《Sentiers de la création》，1970。

---

[1]　该书后来又被收入《符号学历险》一书，Paris，Seuil，1985。——译者注

《萨德·傅立叶·罗犹拉》，*Sade*，*Fourier*，*Loyola*，Paris，Seuil，1971。已被译成德文。

《古代修辞学》，*La Retorica antique*，Milan，Bompiani，1973。［该书的法文文本 *L'ancienne Réthorique* 曾于 1970 年发表在《交流》（*Communication*）杂志第 16 期上。］[①]

《新文学批评论文集》，Nouveaux essais critiques，Paris，Seuil，以袖珍本形式与《写作的零度》一起出版，"观点丛书"，1971。

《文本的快乐》，*Le Plaisir du Texte*，Paris，Seuil，《Tel Quel》，1973。已被译成德文。

前言、稿件、文章[②]

1942：《关于纪德及其〈日记〉的诠释》，《Notes sur André Gide et son Journal》，*Existences*（revue du Sanatorium des étudiants de France，Saint-Hilaire-du-Touvet）。

1944：《在希腊》，《En Grèce》，*Existences*。

《关于〈局外人〉风格的思考》，《Réflexions sur le style de l'Étranger》，*Existences*。

1953：《古代悲剧的能力》，《Pouvoir de la

---

①　其法文文本后来又收入《符号学历险》一书。——译者注

②　这里是选择性列举。截至 1973 年年底之前发表的全部文章可见于斯蒂芬·希思（Stephen Heath）著述：《移动之眩晕——解读巴尔特》（*Vertige du déplacement*，*lecture de Barthes*），Fayard，《Digraphe》，1974。

tragédie antique》，*Théâtre populaire*，2。

　　1954：《前小说》，《Pré-romans》，*France-Ob-
servateur*，24 juin 1954。

　　《重要的戏剧》（论布莱希特），《Théâtre cap-
ital 》（ sur Brecht ），*France-Observateur*， 8
juillet 1954。

　　1955：《涅克拉索夫评其批评》， 《Nekrassov
juge de sa critique》，*Théâtre populaire*，14。

　　1956： 《何种戏剧的先锋派?》，《A l'avant-
garde de quel théâtre?》，*Théâtre populaire*，18。

　　《米歇尔·维纳弗:〈今天或朝鲜人〉》，
《*Aujourd'hui ou les Corréens*，de Michel Vinaver》，
France-Observateur，1er novembre 1956。

　　1960： 《电影的意指问题》和《电影创伤单
位》，《Le problème de la signification au cinéma》et
《Les unités traumatiques au cinéma》，*Revue inter-
nationale de filmologie*，x，32-33-34。

　　1961：《当代饮食社会心理学》， 《Pour une
psychosociologie de l'alimentation contemporaine》，
Annales，5。

　　《摄影信息》， 《Le message photographique》，
Communications，I 。

　　1962：《关于列维-斯特劳斯的两部书：社会学
与社会——逻辑学的》，《À propos de deux ouvrages
de Cl. Lévi-Strauss：sociologie et socio-logique》，

Informations sur les sciences sociales，I，4。

1964：《埃菲尔铁塔》，《La Tour Eiffel》，in *la Tour Eiffel*（image d'André Martin），Paris，Delpire，《Le génie du lieu》，1964。

《图像修辞学》，《Rhétorique de l'image》，*Communications*，4。

1965：《希腊戏剧》，《Le théâtre grec》，in *Histoire des spectacle*，Paris，Gallimard，《Encyclopédie de les Pléiade》，p. 513-536。

1966：《平行的生活》，《Les vies parallèles》（sur le *Proust* de G. Painter），*la Quinzaine littéraire*，mars 1966。

《叙事的结构分析导论》，《Introduction à l'analyse structurale des récits》，*Communications*，8。

1967：为安托万·加利安（Antoine Gallien）所著《风景挂毯》（*Verdure*）写的序，Préface à *Verdure* d'Antoine Gallien，Paris，Seuil，《Écrire》，1967。

1968：《戏剧、诗歌、小说》，《Drame, poème, roman》（Sur *Drame* de Ph. Sollers），in *Théorie d'ensemble*，Paris，Seuil，1968。

《真实之效果》，《Lèffet de réel》，*Communications*，Ⅱ。

《作者的死亡》，《La mort de l'auteur》，*Mantéia*，V。

《绘画是一种言语活动吗?》，《La peinture est-elle un langage?》（Sur J.-L. Schefer），*La Quinzaine littéraire*，15 mars 1968。

1969：《文化批评举例》，《Un cas de critique culturelle》（Sur les Hippies），*Communications*，14。

1970：《能指发生的事情》，《Ce qu'il advient au signifiant》，préface à *Eden*，*Eden*，*Eden*，de Pierre Guyotat，Paris，Gallimard，1970。

《为〈埃尔泰〉写的序》，Préface à *Erté*（en italien），Parme，Franco-Maria Ricci，1970（version française en 1973）。

《音乐实践》，《Musica practica》（sur Beethoven），*l'Arc*，40。

《外来女人》，《L'Etrangère》（sur Julia Kristeva），*la Quinzaine littéraire*，1er mai 1970。

《精神与文字》，《L'esprit et la lettre》（sur *la Lettre et l'Image*，de Massin），*la Quinzaine littéraire*，1er juin 1970。

《第三种意义——关于 S. M. 爱森斯坦的几幅剧照的研究》，《Le troisième sens. notes de recherche sur quelques photogrammes de S. M. Eisenstein》，*Cahiers du cinéma*，222。

《古代修辞学——备忘录》，《L'ancienne Rhétorique, aide-mémoire》，*Communications*，16。

1971：《风格与图像》，《Style and its image》，in *Literary Style：a symposium*，éd. S. Chatman, Londres et New York, Oxford University Presse, 1971。

《离题》,《Digression》, *Promesse*, 1971

1971：《从作品到文本》,《De l'oeuvre au texte》, *Revue d'esthétique*, 3。

《作家、知识分子、教授》,《Écrivains, intellectuels, professeurs》, *Tel Quel*, 47。

《答复》, *Réponses*, Tel Quel, 47。

《静态文化中的动态语言》,《Languages at war in a culture at peace》, *Times literary Supplement*, 8 octobre 1971。

1972：《噪音的尖细声》,《Le grain de la voix》, *Musique en jeu*, 9。

1973：《文本理论》,《Théorie du Texte》(article 《Texte》), *Encyclopaedia Universalis*, tome XV。

《文本的出路》,《Les sorties du texte》, in *Bataille*, Paris, UGE, coll.，《10/18》, 1973。

《狄德罗，布莱希特，爱森斯坦》,《Diderot, Brecht, Eisenstein》, in *Cinéma, Théorie, Lectures* (Numéro spécial de la Revue d'esthétiques), Paris, Klincksieck。

《索绪尔，符号，民主》,《Saussure, le signe, la démocratie》, *Le Discours social*, 3-4。

《雷吉肖与他的身体》,《Réquichot et son

corps》, in *L'OEuvre de Bernard Réquichot*，Bruxelle，Éd. de la Connaissance，1973。

《今天，米什莱》，《Aujourd'hui, Michelet》，*L'Arc*，52。

《蔑视》，《Par-dessus l'épaule》（sur *H* de Ph. Sollers），*Critique*，318。

《作家如何工作》（访谈录），《Comment travaillent les écrivains》（interview），*Le Monde*，27 septembre 1973。

1974：《第一篇文本》，《Premier texte》（pastiche du Criton），*L'Arc*，56。

《讲习班》，《Au séminaire》，*L'Arc*，56。

《那么，中国吗?》，《Alors la Chine?》，*Le Monde*，24 mai 1974。

介绍罗兰·巴尔特的书籍与杂志：

马拉克（Guy de Mallac）与埃贝尔巴赫（Margaret Eberbach）合著：《巴尔特》（*Barthes*），Paris，Éditions universitaires，《Psychotèque》，1971。

卡勒维（Louis-Jean Calvet）著：《罗兰·巴尔特：对于符号的政治目光》，*Roland Barthes，un regard politique sur le signe*，Paris，Payot，1973。

希思（Stephen Heath）著：《移动之眩晕——解读巴尔特》，*Vertige du déplacement，lecture de Barthes*，Paris，Fayard，《Digraphe》，1974。

《原样》杂志（*Tel Quel*），1971 年秋第 47 期
专号。

《弓》杂志（*L'Arc*），1974 年第 56 期专号。

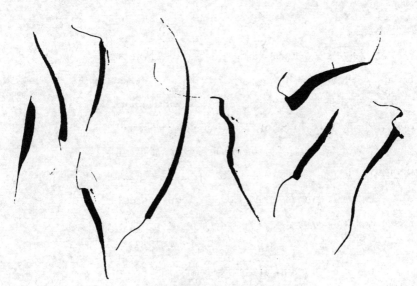

毫无意义的书写方式。

罗兰·巴尔特著述年表（1975—1995）

书籍：

《S/Z》，S/Z，Paris，Éd. du Seuil，《Points，Essais》，1976。

《恋人絮语》，*Fragments d'un discours amou-reux*，Paris，Éd. du Seuil，《Tel Quel》，1977。

《作家索莱尔斯》，*Sollers écrivain*，Éd. du Seuil，1979。

《论拉辛》，*Sur Racine*，Éd. du Seuil，《Points Essais》，1979。

《萨德·傅立叶·罗犹拉》，*Sade, Fourier, Loy-ola*，Paris，Éd. du Seuil，《Points Essais》，1980。

《论文学》，*Sur la littérature*，（en collaboration avec Maurice Nadeau），Grenoble，PUG，1980。

《文艺批评文集》, *Essais critiques*, Paris, Éd. du Seuil,《Points Essais》, 1981。

《噪音的尖细声》, *Le Grain de la voix*, entretiens 1962 - 1980, Paris, Éd. du Seuil, 1981。

《文艺批评文集之三》, *Essais critiques*, t. 3, L'Obvie et l'Obtus, Paris, Éd. du Seuil, Coll. 《Tel Quel》, 1982,《Points Essais》, 1992。

《文本的快乐》, *Le Plaisir du texte*, Paris, Éd. Du Seuil, 1982,《Points Essais》, 1992。

《服饰系统》, *Le Système de la mode*, Paris, Éd. du Seuil,《Points Essais》, 1983。

《文艺批评文集之四》, *Essais critiques*, t. 4, Le Bruissement de la langue, Paris, Éd. Du Seuil, 1984,《Points Essais》, 1993。

《符号学历险》, *L'Aventure sémiologique*, Paris, Éd du Seuil, 1985,《Points Essais》, 1991。

《偶遇琐记》, *Incidents*, Éd. du Seuil, 1987。

《明室》, La *Chambre claire*, Paris, Éd. Gallimard/Seuil/Cahier du cinéma, 1989。

《米什莱》, Michelet, Éd. du Seuil,《Points Littérature》, 1988,《Écrivains de toujours》, 1995。

《就职讲演》, *Leçon*, Paris, Éd. du Seuil,《Points Essais》, 1989。

《全集》, *CEuvres complètes*, t. 1: 1942—1965, Paris, Éd. du Seuil, 1993; t. 2: 1966—

1973，Paris，Éd. du Seuil，1994；t. 3：1974—1980，Paris，Éd. du Seuil，1995

前言、稿件、文章：

1982：Thierry Leguay dans le numéro spécial de *Communications*，n°36. Éd. Du Seuil，4ᵉ trimestre 1982.

1983：Sanford Freedman et Carole Anne Taylor：*Roland Barthes*，*a bibiliographical reader's guide*，New York and London，Garland publishing，Inc.

杂志专号、展览、研讨会文件：

Barthes après Barthes，*une actualité en question*，actes du colloque international de Pau，textes réunis par Catherine Coquio et Régis Salado，Publications de l'université de pau，1993.

Les Cahiers de la photographie，《Roland Barthes et la photo：le pire des signes》，Éd. du Seuil，1990.

Critique，n° 423—424，Éd. de Minuit，*août*，*septembre* 1982.

L'Esprit créateur，n°22，printemps 1982.

Lecture，n°6，《Le fascicule barthésien》，Dedalo libri，Bari，septembre-décembre 1980.

Magazine littéraire, n°97, février 1975 et n° 314, octobre 1993.

Mitologie di Roland Barthes, actes du colloque de Reggio Emilia, édités par Paolo Fabbri et Isabella Pezzini, Pratiche editrice, Parme, 1996.

Poétique, n°47, Éd. du Seuil, septembre 1981.

Prétexte: *Roland Barthes*, actes du colloque de Cerisy, dirigé par Antoine Compagnon, UGE, coll. 《10/18》, 1978.

La Recherche photographique, juin 1992, n° 12, Éd. Maison européenne de la photographie, Univesité Paris VIII.

La Règle du jeu, n°1, 《Pour Roland Barthes》, mai 1990.

Revue d'esthétique, nouvelle série, n°2, Éd. Privat, 1981.

Roland Barthes, *le texte et l'image*, catalogue de l'exposition du Pavillon des Arts, 7 mai-3 août 1986.

Textuel, n°15, Université Paris-VII, 1984.

研究罗兰·巴尔特的著述:

BENSMAÏA, Réda, *Barthes à l'essai*, introduction au texte réfléchissant, Gunter Narr Verlag, Tübingen, 1986.

BOUGHALI Mohamed, *L'Erotique du lan-*

gage chez Roland Barthes, Casablanca, Afrique-O-
rient, 1986.

Calvet, Jean-Louis, *Roland Barthes*, Éd.
Flammarion, 1990.

Comment, Bernard, *Roland Barthes*, *vers le
neutre*, Éd. Christian Bourgeois, 1991.

De La Croix, Arnaud, *Pour une esthétique du
signe*, Éd. De Boeck, Bruxelles, 1987.

Culler, Jonathan, *Barthes*, Oxford Univesity
Press, Nez York, 1983.

Delor, Jean, *Roalnd Barthes et la photogra-
phie*, Cratis, 1980.

Fages, Jean-Baptiste, *Comprendre Roland
Barthes*, Éd. Privat, 1979.

Jouve, Vincent, *La littérature selon Barthes*,
Éd. de Minuit, coll. 《Arguments》, 1986.

Lavers, Annette, *Structuralimes ans after*,
Havard University Press, Cambridge, 1982.

Lambardo, Patrizia, *The Paradoxes of Ro-
land Barthes*, Georgia Univesity Press, 1989.

Lund, Steffen Nordhal, *L'Aventure du signi-
fiant. Une lecture de Barthes*, PUF, 1981.

Maurès, Patrick, *Roland Barthes*, Éd. Le
Promeneur, 1982.

Melkonan, Martin, *Le Corps couché de Ro-*

land Barthes, Éd. Librairie Séguier, 1989.

Mortimer, Armine Kotin, *The Gentles law*, *Roland Barthes's* The pleasure of the text, New York, Peter Lang, Inc. , 1989.

Patrizi, Giorgio, *Roland Barthes a le perpezie della semiologia*, Instituto della enciclopedia italiana, biblioteca biografica, Rome, 1977.

Robbe-Grillet, Alain, *Pourquoi j'aime Barthes*, Éd. Christian Bourgois, 1978.

Roger, Philippe, *Roland Barthes*, *roman*, Éd. Grasset, coll. "Figure", 1986.

Sontag, Susan, *L'Ecriture même*: *à propos de Roland Barthes*, Éd. Christian Bourgois, 1982.

Thody, Philippe, *Roland Barthes*: *a Conservative Estimate*, The Macmillan Press Ltd, Londres et Basingstoke; 1977.

Ungar, Steven, *Roland Barthes*, *the Professor of desiore*, University of Nebraska Press, Lincoln et Londres, 1983.

Wasserman, George R. *Roland Barthes*, Twayne, Boston, 1981.

引用文献

书籍:

CV:《批评与真理》, *Critique et Vérité*, 1966.

DZ:《写作的零度》, *Le Degré zéro de l'écriture*, éd. 1972.

EC:《文艺批评文集》, *Essais critiques*, 1964.

Eps:《符号帝国》, *L'Empire des signes*, 1971.

Mi:《米什莱》, *Michelet par lui-même*, 1954.

My:《神话学》, *Mythologies*, éd. 1970.

NEC:《新文学批评论文集》, *Nouveaux Essais critiques*, éd. 1972.

PlT:《文本的快乐》, *Le Plaisir du Texte*, 1973.

SFL：《萨德·傅立叶·罗犹拉》，*Sade, Fourier, Loyola*，1971.

SM：《服饰系统》，*Système de la Mode*，1967.

SR：《论拉辛》，*Sur Racine*，1963.

S/Z：《S/Z》，*S/Z*，1970.

前言、稿件、文章：

Er：Erté，1970.

Re：Réquichot，1973.

SI：《Style and its Image》，1971.

TE：《La Tour Eiffel》，1964.

1942：《Notes sur André Gide et son Journal》.

1944：《En Grèce》.

1953：《Pouvoirs de la trégidie antique》.

1954；《Pré-romans》.

1956：《Aujourd'hui ou les Coréens》.

1962：《À propos de deux ouvrages de Cl. Levi-Strauss》.

1968，I：《 La mort de l'auteur》.

1968，II：《La peinture est-elle un langage?》

1969：《Un cas de critique culturelle》.

1970，I：《L'esprit et la lettre》.

1970，II：《L'ancienne rhétorique》.

1971，I：《Digression》.

1971，II：《 Réponses》.

1973：《Aujourd'hui，Michelet》.

1974：《Premier texte》

插图说明 *

第 1 页：罗兰·巴尔特：对于茹昂-雷-潘镇的记忆，1974 年夏。

第 2 页：本书叙述者的母亲，大约在 1932 年，朗德地区（Landes），比斯卡罗斯镇（Biscarosse）。

第 3 页：这一切，均应被看成出自一位小说人物之口。

第 4 页：巴约纳市（Bayonne），波尔-纳夫街（Port-Neuf）或是阿尔瑟街（Arceux）［罗歇·维奥莱（Roger Violet）摄影］。

第 7 页：巴约纳市，马拉克（Marrac）镇，大约在 1923 年，与母亲在一起。

---

* 除了特别注明的图片之外，文件均属于作者所有。

第 8 页：巴约纳市［明信片，雅克·阿臧扎（Jacques Azanza）收藏］。

第 9 页：巴约纳市（明信片，雅克·阿臧扎收藏）。

第 11 页：巴约纳市，保勒密街（Paulmy），祖父的住房。

第 12 页：少年时，在祖父住房的花园里。

第 13 页：本书叙述者的祖母。

第 14 页：外祖父班热上尉（石印）。"路易-居斯塔夫·班热（Louis-Gustave BINGER），法国军官和官员，生于斯特拉斯堡，死于亚当群岛（1856—1936），他开发了尼日尔河河套至几内亚湾的地区和科特迪瓦"（拉鲁斯词典）。

第 15 页：祖父莱昂·巴尔特（Léon Barthes）。

第 17 页：拜尔特·巴尔特（Berthe Barthes）、莱昂·巴尔特和他们的女儿艾丽丝（Alice）；诺埃密·雷韦兰（Noémi Révelin）。

第 18 页：艾丽丝·巴尔特（Alice Barthes），本书叙述者的姑姑。

第 19 页：路易·巴尔特。

第 20 页：巴约纳市，大约在 1925 年，保勒密街（明信片）。

第 21 页：巴约纳市，海员小道（明信片）。

第 22 页：莱昂·巴尔特承认欠其叔父款项的确认书。

第 23 页：巴尔特曾祖父母与他们的儿女。

第 24 页：巴约纳市，路易·巴尔特和他的母亲，巴黎，S 街，本书叙述者的母亲及弟弟。

第 25 页：谢尔堡（Cherbourg），1916 年。

第 26 页：西布尔镇（Ciboure）小海滩上，大约在 1918 年，今天这个海滩已经消失。

第 27 页：巴约纳市，马拉克镇，大约在 1919 年。

第 28 页：巴约纳市，马拉克镇，大约在 1923 年。

第 29 页：东京，1966 年；米兰，大约在 1968 年［卡尔拉·塞拉蒂（Carla Cerati）摄影］。

第 30 页：在 U（于尔特，Urt）的住房［米里亚姆·德拉维尼昂（Myriam de Ravignan）摄影］。

第 31 页：在朗德地区，比斯卡罗斯镇，与母亲和弟弟在一起。

第 32 页：在朗德地区，比斯卡罗斯镇，大约在 1932 年。

第 33 页：巴黎，1974 年［达尼叶勒·布迪内（Daniel Boudinet）摄影］。

第 34 页：昂岱镇（Hendaye），1929 年。

第 35 页：1932 年，从圣-路易-勒-格朗中学（lycée Saint-Louis-le-Grand）出来，与两位同学一起走在圣-米歇尔（Saint-Michel）大街上。

第 36 页：1933 年，高中二年级作业。

第 37 页：1936 年，索邦大学古典剧团的大学生们在学校院子里演出《波斯人》。

第 38 页：1937 年，布朗宁（Boulogne）公园。

第 39 页：大学生疗养院：体温记录表
（1942—1945）。

第 41 页：1942 年，在疗养院；1970 年［热
里·博埃（Jerry Bauer）摄影］。

第 42 页：巴黎，1972 年。

第 43 页：巴黎，1972 年；在茹昂-雷-潘镇
（Juan-les-Pins），达尼埃尔·科尔迪耶（Daniel
Cordier）的家，1974 年夏天［尤塞夫·巴库什
（Youssef Baccouche）摄影］。

第 44 页：摩洛哥的棕榈树［阿兰·邦沙亚
（Alain Benchaya）摄影］。

第 46 页：巴黎，1974 年［达尼耶勒·布迪内
（Daniel Boudinet）摄影］。

第 71 页：罗兰·巴尔特，根据夏尔·多莱昂
（Charles d'Orléans）的一首诗谱写的曲子。

第 99 页：罗兰·巴尔特，工作卡片。

第 117 页：罗兰·巴尔特，粗杆彩笔之
作，1971。

第 139 页：罗兰·巴尔特，一个片断的手迹。

第 158 页：罗兰·巴尔特，粗杆彩笔之
作，1972。

第 182 页：《国际先驱论坛报》（International
Herald Tribune），1974 年 10 月 12—13 日。

第 207 页：莫里斯·亨利（Maurice Henry）

的插图：米歇尔·福科、雅克·拉康、克洛德·列维-斯特劳斯和罗兰·巴尔特［原载《文学双周报》(La Quinzaine littéraire)］。

第 222 页：高等专业教育证书（CAPES）试题，现代文学（女生卷），1972，考试委员会报告。

第 232~233 页：罗兰·巴尔特，工作卡片。

第 246 页：实用高等研究院讲习班，1974（达尼耶勒·布迪内摄影）。

第 261 页：狄德罗编《百科全书》：解剖：腔静脉主干网络及其在成人体内的分布。

第 273 页：罗兰·巴尔特，手迹，1971。

第 287 页：罗兰·巴尔特，手迹，1972。

摄影：迪福（F. Duffort）：

……或无所指的能指。

索引

术语对照表 *

Abrund　渊源

Acceptable　可接受的

Anacolutte　错格

Analogie　类比

Anamorphose　变态

Antithèse　反衬

Aphasie　失语症

Asianisme　东方神灵论

Assentiment　认同

Asyndète　连词省略

Atopie　无定所

Autonymie　回指性

Autre　他者

autre　另一个

Binarisme　二元论

Bathmologie　阈学

Bonne conscience　心安理得

---

* 此术语对照表为译者整理，侧重于语言学和符号学的概念，与索引重复的术语不再收录。——译者注

Clausule 尾句

Conotation 内涵

Contenance 内容物

Contrage 即合即离

Copie 复制

Dénotation 外延

Différence 区别

Ecrivance 新闻写作

Ecrivant 写家

Ecrivance 新闻写作

Ecrivant 写家

Enantiosème 对应义素

Enonciation 陈述活动

Enoncé 陈述

Entité 实体

Etymologie 词源学

Etymon 源头

Excursus 附注

Graphanalyse 笔迹分析

Graphologie 笔迹学

Hétérologie 变异论

Homéostat 同态调节器

Homologie 同形性

Identité 同一性

Idiomanique 惯用语的

Idiome 民族语言、方言

Imaginaire 想象物

In-signifiance 非意指活动

Insignifiant 无意蕴的

Intertexte 关联文本

Langage 言语活动

Langue 语言

Lexie 词汇

Linguistique 语言学

Logosphère 语言世界

Mauvaise foi 自欺

Métaphore 隐喻

Métathèse 字母换位

Métonymie 换喻

Manichéisme 摩尼教

Mathésis 套数

Mimésis 模仿、模仿系统

Morphème 语素

Mot 词语、单词

Mot-mana 神力词语

Narcissisme 自恋

Nature 本性

Naturel 自然性

Nomination 命名

Numen 神意

Objet 对象、客体

Opposition 对立、对立关系

Palimpseste 隐形纸

Paradigme 聚合体

Paradaxa 反多格扎、悖论

Parataxe 句子并列

Paraxysme 顶点

Parole 言语

Phrasologie 句式

Pluralisme 多元论

Politique (la) 政治话语

Politique (le) 政治秩序

Praxis 实践

Prédicat 宾词

Prolepse 预辩法

Pyrrhonisme 怀疑论

Répertoire 簿记

Réverbération 反光性

Schize 分裂

Sémantique 语义学

Shifter 变指成分

Signifiance 意指活动

Signifiant 能指

Signification 意指

Signifié 所指

Structuralisme 结构主义

Structure 结构

Substance 实质

Substitution 替换

Sujet 主体、主题

Surimpression 叠印

Symbolisme 象征主义

Système 系统

Texte 文本

Thème 主题

Thématique 主题的

Valeur 价值

Et après ?

— Quoi écrire, maintenant ? Pourrez-
vous encore écrire quelque chose ?

— On écrit avec son désir, et je
n'en finis pas de désirer.

而后面呢？

——现在，该写什么呢？您能否再写点什么呢？

——有欲望才写，而我的欲望永无休止。

附　论

罗兰·巴尔特：
当代西方文学思想的一面镜子

李幼蒸

　　对于告别了神学和形而上学的"后尼采主义"西方思想界而言，如果用"虚无主义"表示其人生观倾向，则可用"怀疑主义"表示其认识论倾向。传统上，怀疑主义是西方哲学史上的一个主要流派，现代以来成为文学理论的主要思想倾向之一。罗兰·巴尔特则可称为20世纪文学理论世界中最主要的怀疑主义代表，足以反映二战后西方文学思想的主要趋向。以下从几个不同层面对此加以阐释。

1. 伦理和选择

　　罗兰·巴尔特和保罗·萨特两人可以代表二战后法国两大"文学理论思潮"形态：文学哲学和文学符号学。这两种相反的"文学认识论"，均相关于近现代以至当代的两大西方文学和美学潮流：存在主义的道德文学观和结构主义的唯美文学观。一方面，巴尔特缩小了文学的范围，将通俗文学排除于文学"主体"之外；另一方面，他又扩大了"文学"外延，把批评和理论一同归入文学范畴，以强调"文学性"并不只体现于"故事文本"和"抒情文本"之中。巴尔特曾将近代西方文学视为无所不包的思想活动，申言"从中可获取一切知识"。1975年的一次访谈中，在被问及"30年来，文学是否似乎已从世界上消失了"时，他回答说，因为"文学不再能掌握历史现实，文学从再现系统转变为象征游戏系统。历史上第一次我们看到：文学已为世界所淹没"。他在此所指的"文学"，主要是以19世纪现实主义小说为代表的文学传统，其内容和形式相互贴合而可成为人类思想的重要表达形态。但是19世纪小说形态，自20世纪以来，一方面已为表达范围迅速缩小的主观主义小说所取代，另一方面则蜕化为不再属于"文学"主体而归入了作为大众文化消费商品的通俗小说（包括其现代媒体变形：电影电视）。然而在二战结束后被解放的法国，和英美"高级文学"的校园生存形态不同，其文学，特别是小说文学，一度重新成为社会文化活动的主流，并提出了有关"文学是什么"这类社会性大主题。主要由萨特和加缪发起的这场有关文学使命的争论，无疑是由二战期间法国知识分子所遭受的特殊刺激所引发，因此容易赢得受屈辱一代法国知识分子的共鸣。在疗养院读书6年后返回巴黎社会的巴尔特，也开始卷入"抵抗运动"文学家之间的理论论战中去。文学或小说文学，应该"干预"社会和政治问题吗？这个问题的提出也有一般性和特殊性两个方面：客观上，20世纪小说和小说家已经没有知识条件来面对社会政治问题的解决了；主观上，已经受现代派文艺一百年洗礼的文学家个人又有什么伦理学的理由来"参与"社会政治问题的解决呢？另外一个超越二战历史情境的现代文艺思想的"内部张力"则是，东西欧洲现代派文艺一直具有一种双重混合性：社会政治方向和反社会的个人主观方向的共在。于是，二战的外在历史遭遇和现代文学思想史的内在张力，共同成为萨特和巴尔特文学思想分歧的共同背景。简言之，关于文学和道德之间关系的争论，一方面涉及作家选择道德实践的理由，另一方面也牵扯到作家道德实践能力的问题。

在结构主义论述中，尽管同样充斥着意识形态因素，但其主要实践方式——文本意义分析——内在地相关于人类一切文本遗产解读中的共同认识论和方法论问题，也相关于人文社会科学的整体情境，从而蕴涵着较普遍的学术思想意义。此处所说的过去和未来，不是指其现实社会文化影响力，而是指其内在的精神性和知识性激发力。作为结构主义文学理论主要代表的巴尔特，一方面揭示文学家"社会参与"决定的内在逻辑矛盾，另一方面提出了一种脱离社会实践的文学伦理观：所谓"对语言形式之责任"。后者也是与20世纪西方文艺形式主义的一般倾向一致的。

我们可以说，二战政治经历和存在主义思想，二者共同形成了战后法国左翼知识分子的充满矛盾的道德观：放弃（神学的和逻辑的）超越性"绝对命令"之后，人们企图在"存在论的虚无主义"和"介入论的道德承诺"之间探索一种"合理的"个人信仰基础。萨特和加缪于是成为战后法国文化政治运动的领袖。在疗养院读书期间受到两人思想影响的巴尔特一开始也把此张力关系作为个人思考社会和文学实践方向的框架。加缪的荒谬人生观比萨特的存在主义更能符合巴尔特的认识论虚无主义。所不同的是，巴尔特不是把虚无和荒谬作为思考的对象，而是将其作为思考的边界。结果，巴尔特虽然同情和接受萨特和加缪有关"生存荒谬情境"的观点,却本能地拒绝任何相关的具体实践选择(政治)。这种二元分离的伦理学选择态度和策略,贯穿着巴尔特一生,其中亦充满着另一种矛盾生活态度:自言厕身于左派自由主义阵营(其特点是批评社会现状),却从不介入后者的具体政治实践(所批评的对象日益趋于抽象)。晚年(1977)在一次访谈中,巴尔特说,他与一些左翼文人的立场"非常接近",但"我必须与他们保持审慎的距离。我想这是由于风格的缘故。不是指写作的风格,而是指一般风格"。用风格作为区分个人实践方向的理由,与其说是一种解释,不如说是一种回避,但却可反映巴尔特内心深处的一种当代信奉尼采者所共同具有的伦理学虚无主义。不过由于此虚无主义是以理性语言表现的,其理论话语遂对读者提供了一种较高的"可理解性"价值。

2. 意义和批评

巴尔特被公认为一名杰出的文学理论家,他也自视为一名"理论性批评家",但其文学理论思维的特点是"非哲学基础性的",也就是"符号学式的"。他曾说,如果"理论的"应当即是哲学的,他的理论实践不妨也称作是"准(para-)理论性的"。这是他愿意自称为符号学家的理由之一。在他看来,符号学是不同于哲学的一种新型理论思维形态。在1978年的一次访谈中,他说,自己从未受过哲学训练,但其思维仍然具有某种"哲学化"的特点,即属于理论化一类;他进一步阐明,他的思想方式,"与其说是形而上学的不如说是伦理学的"。我们可以看到,巴尔特将历史理论和伦理学,与历史哲学和道德哲学作出的区隔,具有重要的认识论意义(巴尔特少谈各种哲学名词,其深意在此)。

巴尔特在 20 世纪 50 年代从事媒体文化评论的前符号学时期，以其对消费社会和大众文化中的象征和记号现象进行"去神秘化"的文本意义解析而引人注目，其目的在于揭示出"资产阶级"和"小资产阶级"文化意识形态现象的深层意义或二级意义。文化意识形态作品（电影、戏剧、时装、广告、运动、娱乐等）被其形容为"神话"，即视为消费社会中具有"欺骗性"、"误导性"的文化操纵之产物和效果。早期巴尔特的符号学实践大量针对文化意识形态意义层次的揭露，岂非也显示了另一种社会"介入观"实践？此时谁能够说巴尔特不关心社会公义和理想呢？但是巴尔特的意识形态符号学实践止于此"神话揭示"活动，并只将其视为一般文化意义分析工作的实验场（巴尔特往往喜欢用"历险"一词，以强调"思想实验"的不可预测性），而绝不进而转入其他社会性行动领域。无论对其伦理学立场的考察，还是对其文化批判立场的考察来说，我们正可从此似是而非之自白，体察其思想内部之矛盾和张力。

巴尔特的"文学思想实践"主要停留在"文本"意义构成的分析层次上（兼及具体文本解读和一般文本分析原则）。其最初的动机是批评和揭示所批评的论说之内在矛盾，结果在此层次上的纯属理智性活动，却强调着一种"中性"性质（巴尔特用"中性"代表他的非社会介入观，我们则不妨也用其指其推理方式本身的"不介入"性质）。虽然巴尔特自己绝非可以免除意识形态偏见，但他的不少分析、批评、主张都在相当程度上"体现着"一种准科学性的分析方法，从而使其最终成为一名符号学家。这也是巴尔特思想对我们的最大价值所在：他以其天才创造力为我们提供了大量分析和解读典籍文本的分析经验，这对于我们有关传统典籍现代化研究目标来说，比任何西方哲学方法都更直接、更有效。因此，在我们说巴尔特是当代西方思想的一面镜子时，首先即指他的分析方法"反映着"一种战后新理论分析方向，这是一种跨学科思想方式，它来自语言学、社会学、历史学、哲学、精神分析学等众多领域。而另一方面，不可讳言，他往往只是从不同学术思想来源凭直观和记忆随意摘取相关理论工具，而此思考方式的创造性价值在于：他可恰到好处地针对特定课题对象，自行配置一套相应理论手段，以完成具体课题的意义分析工作。

3. 小说和思想

巴尔特作为"文学思想家"，其含义有广狭两方面。首先，他是专门意义上的文学家，即文学研究者和散文作家；其次，由于他从事有关文学的一般形式和条件的理论探索，所以其工作涉及人类普遍文学实践的结构和功能问题。巴尔特对小说形式，特别是 19 世纪小说形式有着特殊兴趣，其中含有一种超越文学而涉及一般思想方式的方面。19 世纪"小说"是现代综合思想形态的原型，其中涉及在常识的水平上对诸现代学科知识的综合运用（跨学科）和模仿生活的叙事话语的编织。当 20 世纪以来小说不再能履行此职能之后，如何在文学中继续进行综合性知识运用，就成为现代文学理论的课题之一。巴尔特于是把此"跨学科"知识吸取方式也贯彻到文学理论分析（包括小说分析）实践之中。就思想综合性推进的必要来说，古典小说和现代文学理论遂有着一脉相承的关联，巴尔特正是因此之故才同时维持着两种精神活动：古典小说赏析和现代理论分析。巴尔特对当代法国实验派的"反故事"小说的推崇，实乃对传统小说形式之未来价值的否定。在他看来，文学必须"干预"社会生活的理由欠缺伦理学上的正当性，而且文学干预社会的方法多可证明其无效，结果今日现实主义小说往往事与愿违，达不到有效解说的目的（至于小说作品作为文学外的鼓动工具现象，则与文学本身无关）。巴尔特往往从后者入手批评"介入文学"，以显示社会派小说的理路似是而非。小说的抱负和其社会声名往往外在于小说家的主观意图。另一方面，在现代社会和学术发展的条件下，严肃小说的确难以再成为社会性道德实践的有效工具；文学的观察分析能力和时代知识的要求全不相称。这一历史客观事实却成为巴尔特构想另一类文学秉性的借口或渠道。巴尔特表现其文学怀疑主义和唯美主义的新文学实践形式，仍然是文本批评分析。巴尔特屡次谈到文学的"死亡"，即传统小说的死亡。因为现代以来很少有严肃知识分子会再重视小说故事情节了。他自己就承认极难亲自构拟人物和情节。巴尔特说："我知道小说已经死亡，但我喜爱小说性话语。""小说性"被看做一种话语形式。他关心的是小说式话语、小说式经验本身，也就是人类叙事话语本身，而非用小说所表达的思想内容本身。巴尔特的"小说哲学"（有关现实主义小说的消亡和新小说的未来等）暗示着文学世界本身的消亡。他在各种先锋派作品表面之间游荡却难以实际投入；他的文学理论批评实践，也间接地反映着文学世界本身的萎缩状态。最后，小说这种对他来说既重要又可疑的文学形式，竟然成为他进入法兰西学院后的主要"解析"对象。实际上，巴尔特在法兰西学院的小说讲题系列，成为他的文学乌托邦和社会逃避主义的最后实验场。

4. 权势和压制

巴尔特和萨特的文学实践立场虽然表面上相反，但两人都是资本拜金主义和等级权势制度的强烈批判者。萨特所批判的是社会制度本身并提出某种政治改良方案，巴尔特的批判针对着西方文化、文学和学术性权势制度及由其决定的文学表达方式。如前所述，萨特的社会政治介入观不免导致后来易于察觉的判断失误，巴尔特的文化语言性批判反因其对象的抽象性和稳定性而获得了学术上的普遍性价值。巴尔特的文学"伦理学"在社会实践方面的逃避主义（不是指其实践学的怯懦，而是指其人生观和社会观的游移不定），使其权势批判只停留在抽象层次上。这种一个世纪以来对"资产阶级文化意识形态"普遍存在的批判态度，实际上反映着西方现代主义和先锋派文艺对唯物质主义工商社会及其唯娱乐文化方向的普遍反感。不过西方左翼知识分子的共同秉性均表现为观念的理想主义和实践的浪漫主义之混合存在，人生理想的高远和社会改进的无方，遂成为其通病。西方左翼知识分子亦为当代西方各种社会文化理论的主要创造者之一，而其共同倾向是反对不当权势之压制并憧憬正义理想。但是由于其"理论知识"普遍忽略了"现实构造"的多元化、多层化特点，以至于往往在权势的"当"与"不当"之间没有适当的判断标准，反而因此导致他们社会性理论论述易于发生某种"现实失焦症"：在理论和实践两方面脱离客观现实。而其正面效果则是：为理论性思考标志出难点和有效边界。结果，巴尔特在抽象层次上的反权势、反教条、反制度的意义分析活动，却可为世人提供一种具有普遍性的认知对象：有关权势压制制度和其对文化思想操纵方式之间的意义关系分析。

　　巴尔特的大量符号学的、去神秘化的文本分析实践，都在于揭示此种被操纵的意识形态文本的意义构造和功能。实际上，巴尔特对资本拜金主义的批判态度，根本上源于一种反权势立场，这是他对马克思主义产生同情的根源之一。但他从未有兴趣从社会学和政治学角度对此进一步探索。虽然和其他结构主义者一样，他也是有关各种学术机构化、制度化的权势现象批评者，包括所谓学院派的文学批评（拉辛论战）的批评者。作为符号学家，其更根本的反思对象则是制约思想方式的文学和学术语言结构本身。巴尔特从事有关语言学、语义学、修辞学、风格学等各种类型的结构主义实践，其中都包含着对制约思想方式的文本内在意义机制的批评。这一态度是和心理、意识、思想等内容面的传统型解释说明方式相对立的。而由于其怀疑主义实践论，巴尔特对"权威"的批评也就日益从社会性层面转移到语言学层面和学术性层面。其批评之目的，实为摆脱传统权威对作家和学者思维形式创新所加予的拘束和限制。从政治性权威向学术性权威的转移，是和他从社会性意识形态关切向理论性意识形态关切之转变一致的。结果，唯美主义也成为反权威的一种方式，如其晚年着重宣扬的"文本欢娱"观等。这个和写作常常并称的难免空洞的概念，最后成为巴尔特现实逃避主义的最后媒介。文学为了写作本身，写作为了欢娱本身！所谓享乐主义不过是巴尔特用此身体感官性传统名词象征地表示的一种口实，用以避免对思想之实质进行更为透彻的分析。这样他就企图将文学实践还原为文学的物质性过程（写作）及其感官性效果（快乐）了，用传统上作为贬义词的感官主义暗示着对正统思维的一种"反抗"，以至于进而从感官享受过渡到更极端的"身体性目标"：如晚年提出了所谓"慵懒观"的正当性。身体的放纵和身体的慵懒，都是避免积极生存方向选择的借口。这只不过是巴尔特表面上回归享乐主义的灰暗心理之反映。

5. 理论和科学

巴尔特将他人的理论和方法视作自己分析的工具之零件，其独创性表现在如何拆解和搭配这些现成理论工具，以使其创造性地应用于各种不同研究课题。巴尔特被称作理论家，是指他的注重理论分析的态度和进行理论分析的实践，而非指其重视独立的理论体系建设。巴尔特在不同时期对采纳不同理论资源时表现的某种随意性，有时不免遭受专家诟病，但批评者有时忽略了他在一次分析工作中维持理论运作统一性的创造性表现。至于在不同课题和不同阶段内理论主题偏好的变动性，并未妨碍他在具体课题中完成文本意义分析的目的。一方面，文本意义分析成为人文科学话语现代化重整的必要步骤，另一方面，意义分析工作要求着人文科学各学科朝向跨学科乃至跨文化方向的继续发展。巴尔特的理论实践经验进一步反映着人类知识特别是伦理学知识的根本性变革的必要。在此意义上，无论是尼采的怀疑主义还是结构主义的怀疑主义都应该看做是朝向人类理性主义思考方向的重要精神推动力量。因为真理的动因之一即怀疑主义。

在巴尔特的"理论工具库"中，符号学当然是最主要的部分。巴尔特是所谓法国"最早一位"符号学家、最早一部《符号学原理》的作者以及高级学术机构内一位"文学符号学"讲座教授。作为现代意义学的基本学科，符号学当然是他文学理论研究中最直接相关的一种。他对任何现成符号学活动中的体制化、教条化（符号学作为元科学）的反对，反映了他绝非有兴趣在学术界追求某种所谓新兴学科符号学的创建。巴尔特企图超越学院派的"科学批评"而朝向自己的所谓"解释性批评"，不过，后者的批评"可靠性"却是以其文学分析论域的缩小为代价的。

6. 古典和前卫

巴尔特是文学唯美实验主义的倡导者，兼及创作和理论两个层面，其实践方式本身则成为西方先锋派、现代主义、后现代主义诸不同现代美学倾向的汇聚场，从而反映着西方文艺从古典时代向现代、向未来变迁过程中的面面观。巴尔特是将西方理性怀疑主义和反理性唯美主义并存于心并使之交互作用的文学思想家。由于其唯美主义是通过文本分析方式表达的，所涉及的唯美主义一般情境，表现出更深刻、更内在的理论认知价值。因此，巴尔特的理智性文学文本分析，是我们体察和了解现代西方非理性主义文艺作品特色的一面镜子。无论是其理论性分析还是其美学性品鉴，都表现出一种作品"内在主义"的思考倾向，这种思想方式的内在一致性，使其学术价值超出许多当代西方理论修养更为深厚的哲学美学家。受过古典语言和古典文学正规训练的巴尔特，首先是一位希腊罗马古典文学的专家，其次也是法国近代古典文学的研究者，最后更是法国民族文学思想的特殊爱好者（正是这一点使他不至于成为德国形而上学的俘虏：萨特和德里达的黑格尔主义和海德格尔主义、利科的康德主义和胡塞尔主义。但巴尔特也因此并不很熟悉英美现代派文学作品）。

我们应该注意另一种矛盾现象：巴尔特理智上对先锋派作品和东方哲理诗的推崇与他在感情上对法国古典文学的真正"喜爱"（米什莱和福楼拜）之间的对比。先锋派或现代派都是相对于传统和历史的"革命性"或"革新性"尝试，其"新颖性"主要体现于形式方面的变革。先锋派批评家在其中支持的主要是其摆脱传统的力度和方向；新的形式成为求新者（不满现状者）的一种精神"寄托"。先锋派作品的无内容性、"空的能指"，即巴尔特所说的不朝向所指的"能指的运作艺术"。巴尔特毕生在现代派文艺和古典文学之间的同时性交叉体验和实验,"客观上"反映了先锋派文艺的"否定性价值",实际上超过了其"肯定性价值",也就是说,"先锋派"之所以是一种实验艺术,主要代表着文艺家对"现状"的不满、逃避和解脱的努力。作家和理论家遂生存于已完成的传统历史之稳定性和待完成的未来历史之尝试性的张力之中。20 世纪各种现代派文艺作品所包含的否定性方面远超过其肯定性方面,这就是何以其形式如此变动不居的原因之一。

7. 欲望和写作

巴尔特说,今日"不再有诗人,也不再有小说家,留下的只是写作"(《批评与真实》)。"写作"后来成为巴尔特最喜爱的一个文学理论"范畴",不过它也是一个最空洞的范畴(以至于激怒许多批评其偏爱"术语"的学人)。按其写作论,写作者不能按其思想的社会性价值或作用来规定,而只应按其对写作"话语"的意识来规定。他说,传统的小资产阶级将话语作为"工具",新批评则将其视为"记号或真理本身"。这一论证方式从空到空,难怪使大学教授(皮卡尔)不快。巴尔特执意强调的是文学话语不通向所象征的外在世界,而是通过符号学方式朝向语言本身。作为理论分析的对象,"写作"范畴也许是明确的,而作为文学实践的目标,"写作"却绝非明确的。巴尔特不强调写作内容的"正当性",而强调其"形式"的正当性。那么这种作为新文学观念的"文学形式之伦理学"究竟是什么意思呢?中性、零度、白色、不介入等脱离社会内容的写作方式,固然与各种现代派文艺理念相合,但为什么这就是正当的呢?巴尔特人生观的这一自我主义特点,导致他自始至终采取"中性"或"零度"的反文学介入观，而他在其一生中三次社会冲突尖锐时期（法西斯占领时期、战后反资本主义运动时期，和1968年社会大动荡时期）采取的脱离具体社会实践而最终将压制自由的根源说成是（资产阶级）语言结构本身的结论，无疑是一种伦理学逃避主义的表现。不妨说，相对于文学政治道德学，巴尔特试图为自己建立一种"文学（写作）的（反）伦理学"。

实际上，由于现代历史和社会的根本改变，巴尔特和其同时代人，获得了外在于历史的理由和条件，可不必参与各种人为的社会性实践（它们为各种隐蔽的意识形态力量所推动和操纵），而得以逻辑上合理地"实验"其"中性"而"快乐"的生存方式：所谓实践一种"写作伦理学"。而巴尔特说，他心目中想写的东西，其实常常是一些老旧的东西和古老的故事，并不一定是先锋派作品（他的枕边书永远只是古典类书籍）。所谓"写作"范畴因此不是相关于内容的，而是相关于形式的。他说："写作是提问题的艺术，而不是回答或解决问题的艺术。"巴尔特在法兰西学院四年中的最后阶段，本其"文本欢娱"哲学而陷入了一种极端唯美主义实践。他不仅在其最后一部作品中返回到最初一部作品中的写作主题，而且在其中返回自己最初曾热衷的"纪德自我主义"。这种伦理学的自我主义，结果以消除伦理选择主体的存在为目的，此主体的剩余部分遂成为被动的"美感享乐主义者"。伊壁鸠鲁主义式的享乐主义，遂成为躲避道德问题的借口。1977年在回答访问者的"你有一种道德观否"的问题时，他刻意加以回避问题本身而答称：这是"一种感情关系的道德，但我不能进一步说明，因为我有许多别的东西要说"。因此，巴尔特和众多当代西方的反主体论者，实质上是在进行着一种放弃伦理选择权的"选择"。巴尔特类型的反主体观，结果反而从反面使伦理主体的作用更加凸显。而巴尔特的文学理论思想之所以比大多数纯学者或哲学理论家的论述更重要，正因为他是能够从文学的理论和实践这两方面来思考和表现此一伦理危机情境的。此外，巴尔特理论话语的时代适切性，还表现在他的超越（18世纪）启蒙主义和超越（19世纪）现实主义的潜在思想前提上，因为这使他不必把启蒙时代不可回避的宗教问题和政治问题纳入自己的理论思辨构架之内，从而使自己的伦理学情境较为单纯。对于我们来说，巴尔特伦理思想中的虚无主义之本质，因轮廓更为清晰也就更具有普遍意义。

巴尔特对启蒙主义时代的负面评价，凸显了他和相当多当代西方知识分子对历史、政治、社会、文化错综复杂关系认知的简单化态度。一方面正是这种态度为其反介入伦理观提供了运作上合理的边界，另一方面也客观地反映了他这位对"历史形式"进行分析的思想家本人，未曾有机会亲历和深入较复杂的"历史内容"过程。当他揶揄伏尔泰积极进取的道德"快乐感"是来自君主专制时代历史之偶然时，这只不过反映着处于民主时代的西方知识分子伦理经验的单薄和肤浅；而主体意识本来是深植于人类伦理学情境本身的。在启蒙时代和19世纪，西方知识分子生存于丰满真实的历史社会张力场内而必须面对个人的伦理学选择；20世纪社会和知识条件的革命性演变使得知识分子脱离了此社会性选择张力场。其结果是，一者进行不适切的社会性反应；另一者拒绝进行社会性反应。理论知识和实践知识，遂陷入持久而普遍的结构性分裂之中。

时代思想的混乱和丧母之痛使得巴尔特陷入空前忧郁心境，但终于在辞世前完成了自己向学院和读者应许的一部"小说"作品，实为一部关于小说和文学的论述。巴尔特为文学赏鉴和文学分析而生，而非为故事编织而生；毕生以各种叙事文本为研究对象，却从不曾自行制作（文学的或历史的）叙事。小说是他的分析对象，一如电影是麦茨的分析对象，他们不是也不需是故事编写者。但重要的是：巴尔特确曾把自己"写小说"之意愿，当作一种计划加以期待、准备甚至宣布，并把最后一部作品定名为意义含混的"小说的准备"。是就一般小说理论而言，还是针对自己的小说写作意愿而言？巴尔特对听众抱歉道，即使期待中的小说不是由自己直接完成的，所勾勒的理念轮廓也可供其他作家参照。1977 年曾经主持 Cerisy 巴尔特研讨会并与作者熟识的研究专家安托万·孔帕尼翁（Antoine Compagnon）在不久前回顾说，在《小说的准备》原稿手迹上，他吃惊地看出巴尔特写稿时流露出来的深刻的忧郁和不安，这部作品似乎像是作者对自身死亡准备的一部分。巴尔特对此死亡意象的演示，表现出一个现代"无永生之念者"与其死亡预期的关系，从而凸显了反人本主义伦理学的内在困境。因此，巴尔特远不只是学者理论家，其内心蕴涵着（不合时宜的）诗学怀乡病，而其表面的主张不过是另一种生存愿望的变相表白。这种向往文学乌托邦境界的分析性表达，遂可成为我们再次反思人类一般伦理学情境和文学伦理学情境的一面镜子。巴尔特在《小说的准备》中援引但丁、渴望"新生"，实则正在积极地奔向自身的死亡，以使其最终达成一种美学虚无主义实践。

8. 文学和理性

德里达在其《论书写学》中说："理性这个词应当抛弃"。但是我们应该注意到有关现代西方"理性"的多元表达。作为理论家的巴尔特，正是以其推理的精细而成为现代人文科学意义论中不可多得的思想家的；对象的非理性性格和方法的理性性格应当加以区别。另外当然也有一个作为唯美主义"非理性"作家的巴尔特，此时他可跻身于福楼拜和马拉美以来的前卫作家行列。重要的是，在将理性的"巴尔特分析"对比于非理性的"巴尔特美感"时，二者的交互作用所产生的一种特殊的"可理解性"，遂成为特别具有解释学潜力的一种独特智慧。巴尔特自身文学唯美主义追求（古典诗人原型）和怀疑主义理性思辨（古典哲学家原型）的二重身份，使其文学思想具有一种特殊价值。巴尔特的文学探索相当于美学认识论问题的提出，而并非其解决。换言之，巴尔特是以对先锋派文艺的"肯定句式"来提出一种实质上是"疑问的"句式。因此，读赏古典和探索前卫，虽然存于一心，却属于两类精神过程。在此意义上，一个世纪以来的现代派、先锋派、前卫派文艺，代表着现代西方文化精神的动荡不安，其严重性和难以解脱性，也源于两种内外不同的冲力：唯物质主义的科技工商社会之永恒精神压力和传统价值信仰基础在理性面前的解体。对于 20 世纪人类历史的这一全新局势而言，巴尔特的这面文学怀疑主义之镜，对其作出了最深刻的"反映"。

图书在版编目（CIP）数据

罗兰·巴尔特自述/〔法〕罗兰·巴尔特著；怀宇译.
北京：中国人民大学出版社，2010
（罗兰·巴尔特文集）
ISBN 978-7-300-11757-7

Ⅰ.①罗…
Ⅱ.①巴…②怀…
Ⅲ.①巴尔特，R.（1915～1980）—自传
Ⅳ.①B565.59

中国版本图书馆 CIP 数据核字（2010）第 032553 号

罗兰·巴尔特文集
罗兰·巴尔特自述
〔法〕罗兰·巴尔特　著
怀　宇　译
Luolan Ba'erte Zishu

出版发行	中国人民大学出版社		
社　址	北京中关村大街 31 号	邮政编码	100080
电　话	010 - 62511242（总编室）		010 - 62511770（质管部）
	010 - 82501766（邮购部）		010 - 62514148（门市部）
	010 - 62515195（发行公司）		010 - 62515275（盗版举报）
网　址	http://www.crup.com.cn		
经　销	新华书店		
印　刷	北京玺诚印务有限公司		
规　格	148 mm×210 mm　32 开本	版　次	2010 年 5 月第 1 版
印　张	10.875 插页 3	印　次	2019 年 6 月第 2 次印刷
字　数	181 000	定　价	39.80 元